U0890263

FUTURES TRADING PROFIT STRATEGY

期货交易盈利策略

济卿凭○编著

SPM
南方出版传媒
广东经济出版社
·广州·

图书在版编目（CIP）数据

期货交易盈利策略 / 济卿凭著．—广州：广东经济出版社，2019.9（2025.1 重印）
ISBN 978-7-5454-6592-1

Ⅰ.①期… Ⅱ.①济… Ⅲ.①期货交易—基本知识 Ⅳ.①F830.93

中国版本图书馆 CIP 数据核字（2018）第 289046 号

责任编辑：罗振文　周伊凌
责任技编：陆俊帆

期货交易盈利策略
QIHUO JIAOYI YINGLI CELÜE
出 版 人：刘卫平
出版发行：广东经济出版社（广州市水荫路 11 号 11 ～ 12 楼）
印　　刷：广东鹏腾宇文化创新有限公司
（广东省珠海市高新区唐家湾镇科技九路 88 号 10 栋）
开　　本：787 毫米 ×1092 毫米　1/16　　**印　　张**：14.5
版　　次：2019 年 9 月第 1 版　　**印　　次**：2025 年 1 月第 5 次
书　　号：ISBN 978-7-5454-6592-1　　**字　　数**：282 千字
定　　价：68.00 元

发行电话：（020）87393830　　编辑邮箱：gdjjcbstg@163.com
广东经济出版社常年法律顾问：胡志海律师　　法务电话：（020）37603025
如发现印装质量问题，请与本社联系，本社负责调换。

博鳌亚洲论坛期间，与参会的华尔街风云人物、国际投资家吉姆罗杰斯先生见面会谈

与著名经济学家、著名评论员王福重交流

与麦当劳（中国）首席数据智能官蔡栋老师相识

与微软中国终生荣誉总裁、微创（中国）董事长唐骏先生相识

与广东卫视财经郎眼节目著名主持人王牧笛先生相识

与复旦大学经济学博士、北京大学金融学博士后、上海对外经贸大学金融管理学教授、上海国家会计学院EMBA教授贺学会教授相识

前　言

PREFACE

从某种程度上说，上天是公平的，它给了每一个人选择的机会。但它也是不公平的，它没有给每个人看见这种机会的能力。

生活没有改善的本质原因不能说是人们的不努力不思变，其实有些人一直都在思考如何让自己的日子好过一点，并做了相应的调整和努力，可是最后依然无法改变现状。这不仅仅是思维观念的问题，更深层的原因也许是他们可能没有充足的社会资源和经济资源以及人脉资源，无法将这些资源转化为财富资本，也就是说他现有的各种资源条件不足以推动任何财富的增长。

这是一个公平的时代，也是一个相对公平的市场。期货行业，给人们一个公平地改变命运的机会，这里不需要阿谀奉承，不需要无用社交，不需要各种现实资源，单打独斗就可以闯天下，这也是其魅力所在。如果有下定决心要在此行业之中求个荣华富贵的朋友，那么我将在本书中尽一些微薄之力，知无不言、言无不尽。

期货投资的精彩之处在于——它不仅可以使你赢得很漂亮，而且可以使你败得很精彩。你一旦进入期货投资行业，就注定这一生不平淡。做了期货交易，你才能更深地理解胜负的含义、人生的无奈、大千世界的变化多端。做了期货交易再上岳阳楼，你会重新体味“不以物喜，不以己悲”的真正含义。真正的交易员，其背后是一堵墙，他们没有退路，交易对于他们就是生活、就是命运。如果你真正喜欢上交易这件事情，那就是你的生活、就是你的命运。以期货人的眼光和角度来理解，当你的账户从5000万元输得只剩50万元时，你还可以大喊无所谓，大不了从头来过，这是一种什么样的气魄和胸襟！这个世界还有什么对手可以把你击垮。

做了期货交易，你就可以从另一个角度理解这个世界的广阔，从另一个角度理解人生的精彩，从另一个角度提升自己的格局。期市赢家，注定是人生赢家；期市成败，同样关乎人生成败。期货投资，与其说是做盘，不如说是做人。每一张单都透射出人性的色彩、品性的高贵。期货人的一生，注定是不断努力、不断坚持、不断学习的一生。其他行业不会给你这么多的机会，让你在有限的生命中去体会那么多的成功与失败的滋味。只有期货可以让你在几十年的人生经历中体验这么多次的高峰与低谷，让你有这么多的机会去学习如何对待成功与失败，如何善待自己。人生就像一场搏击赛，期市可能是最好的舞台。

期货投资，无非输赢，即便遗憾也无须后悔，人生本来就是如此。善待自己，必须学会善待自己的成功与失败，善待自己的努力与付出。

每当谈起期货与股票，大多数人会说出诸多两者之间的不同。比如，交易规则的不同、交易制度的不同、交易时间的不同。同时，很多人更会给出一个最善良的忠告："千万别做期货，期货风险太大了。"

这个忠告是充满善意的，也是极具震慑力的，以至于长久以来影响并阻止了一批又一批有心想了解期货或想参与期货交易的人们。然而，事实并不像大部分人认为的那样，在同时拥有股票和期货交易经历的人们眼中，期货没有人们所说的那么可怕，而且期货有个最大的宝贵之处，那就是期货交易比股票交易让人更快进步。

股票交易的特点在于，只要买入的公司股票不退市，即使这只股票只值一分钱，那么交易者的资金也永远不可能为零。所以很多人就产生了大不了多放一段时间的麻痹心态，同时导致很多人不懂得用试探性的小资金轻仓介入交易，更不懂得用止损来保护这笔交易资金。更甚者，不断进行亏损后的加仓交易。以至于每波行情过后，太多的人被套在里面，不仅输掉了本钱，而且错失了其他投资机会。只是可惜他们连失败的原因都不知道，只会怨天尤人。下一轮行情，再如法炮制，如此交易生涯恶性循环。而期货交易的魅力是以小博大及双向交易，由于期货行情频繁波动和保证金交易，容不得你将亏损的单子无限期地保留下去，绝不会让你放任自流。如果你不懂得分配交易资金，不懂得止损，那么短时间内市场就会把你扫地出局。表面看来，期货市场很残酷，可恰恰是这严酷的教训，才让你最终拥有了风险观念，从而在市场中生存更久，获得最后的成功。

例如2015年的股票配资大潮，很多投资者不懂配资，在券商不断的业务宣传和舆论的不断引导下，最后开通配资业务，当上证大盘从5000点左右跌至2800点附近时，很多人因为融资融券加杠杆导致爆仓强平。那时股市中的人们用死气沉沉、家破人亡来形容，实不为过。可想而知，如果交易者之前经历过加杠杆的交易市场，哪怕在此方面有一点点的风险意识，明白杠杆是把“双刃剑”，都不会最后落得个倾家荡产的下场。所以，只要做过期货，当你再次进入到股票市场时，你的风险意识就会有根本性的改变，就不会导致如上的结局。并且长此以往，交易就会融入我们的生活中，耕种下风险意识的种子，以至于以后做任何事情都会三思而后行。

期货会让我们按计划和原则办事，有计划不忙、有原则不乱。为获得交易成功，交易者在每次交易前都应该有自己的交易原则和交易计划。可是由于股票市场出现行情的时候很少，而且在大环境下，市场充满了各种误导和谣言，所以在每年仅有的几次甚至一次大行情中，很少有人会想到制定交易原则和交易计划，也没有更多的机会去运用和完善它们。几乎都是看涨买涨、看跌卖跌。但是在期货中，交易机会很多，充满了各种杂乱性和诱惑性的交易理由，所以如果没有原则和计划，无论是做什么级别的行情，市场很快就让你感到力不从心，不知所措、频繁交易、频繁止损，最后本金殆尽。这时人们必然会自觉地去学习正确的交易原则，以及了解如何制定交易计划。当然这是一个长期的过程，但是只要有了开始，再加上不断总结、不断完善，就能不断进步了。有原则、有计划，有条不紊，心如止水，这是交易所追求的极致境界。同样，也是人生的至高境界。

在刚开始交易时，因为茫然无知，很可能犯下无数错误。产生一些亏损是正常的，初学者应该做好心理准备。不要太看重短时间内的盈亏与否，你的资本不应该看成交易资本，而应该是学习资本。刚开始，应该只拿出可承担的少部分资金作为入市起点。不要从一开始就大张旗鼓，打算大捞一笔，请记住，上天是公平的，各行各业不劳而获的只是极少的一部分人。大多数时候，付出与回报都是成正比的。同时，你不能抱着输不起的心态从事交易。赢家与输家的真正区别，是在于处理错误的态度。赢家会察觉自己的错误，汲取其中的教训；输家则会不断重复相同错误。以笔者自身为例，大概需要三年的时间才能渡过学习时期。在这段学习与磨炼技巧的期间内，交易者必须支付学费，包括资金成本、时间成本、精神成本等。

你必须要有心理准备，在最初几年内，交易恐怕无法提供生活所需的费用。但是不要气馁，因为如果用几年的时间专注做这件事，随后如果能开花结果，换得下半辈子的衣食无忧，那也是很值得的。

这本书虽然是为期货写的，但我相信书中阐述的原理适合其他行业。因为成功的人往往具有很多相似的素质，如果你具有交易期货成功所需要的素质，在其他行业，我相信你也一定能获得成功，所以如果你不打算炒期货，但是得到了这本书，有些部分也是值得一看的。老实说，书中每一处知识点或每一句话都是由笔者一笔或数笔亏损总结、累积、感悟出来的。我期待读者每次在期货交易中犯了错误以后，或多或少都能在本书中找到犯错的原因，找到不再犯同样错误的方法，最起码知道什么是错。犯错并不可怕，可怕的是不知道自己犯的错，而如果知错却不肯认错，就更加不可救药了。真心希望读者能因为读了这本书而少付出一些代价。

因为受制于书本的局限性，我一直在想用什么样的方式才能更好地表达出期货市场的交易方法，为大家提供更多、更好的核心参考。在苦思冥想后，终于决定运用类似我们学生时代老师授课的理念来表达。就像我们高中老师的讲课一样，从高一到高三，一整套教学核心内容，他们用最规则、最简单、最精炼的知识范本，由最基础开始，由简单到复杂、由单一到具体，再由部分到全面，一步步教授这套课程主要的知识点。随着他们教完这套教学核心内容，而我们在不断学习并不断运用的过程中，一定会配合以大量练习题进行不断练习。可以说后期就为“题海战术”，无论再做什么题，都能达到发散思维、举一反三、融会贯通的境界。

如果不系统化地讲解这些基础性的“根”，而只是找一些历史行情截图来进行举例，就如同没学核心知识，一直在做例题一样。就算硬生生明白了这道题，但却只知其一，不知其二。会了这道题，不会下道题，最后这个知识点与那个知识点之间，既没有连贯性，也没有全面性，所以也就没有实战性。市场上大部分知识技术的讲解，对错与否暂且不谈，但从一张图形开始，怎么去分析行情，再到哪个位置做单安全，哪个位置做单风险最高，如何设置止损，哪里设置止盈等，几乎都是各个部分一起拼凑出来的，没有系统性和逻辑性，所以反馈到读者身上，自然是知其然，不知其所以然。

本书从第二章节到第五章节，所有图形都是由笔者亲手所画，可以说是开创了金融类书籍授课的先河，目的就是想从基础开始，让大家一步步地参考这个综合的交易系统。当然，在实际行情涌动中，图形形态波浪等都不会如图那么规则，但原理都是一样的，所以，这是核心的大纲，要不断地做练习题。这个综合交易系统提供了一个原则，只要遵照这一个原则，你就有章可依。最后我想让大家能达到的境界是，只要有K线图的市场，无论是外汇、期货、黄金、股票，还是大宗商品和数字货币等，最多半分钟，从月线图、周线图、日线图到60分钟图、5分钟图、1分钟图，逐一观察一遍后，买入点、止损位、止盈位等，立刻就能胸有成竹，没有看不懂的行情。这是我想为大家做的有意义的事情，我将用这本书，尽最大能力讲好这个交易系统来供大家参考。

济卿凭

目　　录

CONTENTS

第五章 正式开启系统性分析行情

第六章 操作系统的实战综合运用

第七章 人性弱点在交易中的体现

第八章 期市杂谈

第一章
树立正确的交易理念

导读

天下万物皆不出道术。道是万物之本源，是万物存在的理，是事物的根基和根本，是生发一切、指导一切的方向和目标。万物没有道，就相当于失去了牢固的根基。同样，金融交易也不出道术。道为理念，术为方法。到此明了，拥有正确的交易理念，是期货交易的根本。

Section 1

第一节 学习K线运行规律的重要性

古人云："知己知彼，百战不殆。"学习K线技术就是一个寻找规律、发现规律、总结规律、运用规律的过程。所以，选手之间的对决，其实就看谁发现得齐、总结得全、理解得深入、运用得巧妙。在这个过程中，最忌讳一个"懒"字。曾国藩六戒之一："天下古今之庸人，皆以一惰字致败。"笔者切身体会，要不断总结，切不能懒。记笔记为交易中必不可少的关键一环。记笔记的目的一是避免遗漏，二是整理杂乱无章的思维，增强融会贯通的能力。市场是有规律可循的，趋势总是客观存在，只是缺少发现的人。我们不能改变趋势，但我们可以发现趋势，并且顺应趋势。所以只要按照市场的客观事实和客观规律操作的人都能赚到钱。就像原子弹爆发的能量，能量的持有者不是制造原子弹的人，而是原子。只不过我们要尽量去发现这个规律，最终做到运用这个规律，来为我们的预期行情做出一些大概率的预判。接下来，我们要做的只是等待合适的时机，然后进行操作而已。但是需要明白合适的时机只能保证后市的走势是一个大概率事件。所以还必须做好风险管理，如出现意外情况能把损失降到最低。风险管理就是我们所设置的止损点。事实上，我们读书的时候，学习和考试，考察的就是我们寻找规律的能力；我们工作之后，只要善于寻找规律，就能快速获得进步。找规律能让你明白万事万物的运行逻辑。理清这个逻辑，再将这个逻辑运用到K线交易中，你就可以举一反三，知己知彼才能多一些胜算。

Section 2

第二节 知晓交易稳定盈利的根源性

交易长期能稳定盈利的根源，说到底，只有简单两个方面——小亏和大赚。小亏的前提就是把可能造成的损失降到最低，大赚的意思就是说单子盈利时要拿得住，实现利润最大化。

笔者认为市场上有三种交易者，第一种是亏钱的单子拿得住，赚钱的单子拿不住；第二种是亏钱的单子拿不住，赚钱的单子拿不住；第三种是亏钱的单子拿不住，赚钱的单子拿得住。大家读完这本书也应该能明白其中的含义。

市场里95%的人之所以亏钱，主要是看对的时候赚一点就跑，亏钱的时候死扛，赚小亏大，最终的结果必然是亏钱。盈利不是靠预测行情的胜率来获取的，而是依赖“你做错的时候尽可能少亏，你做对的时候尽可能多赚”，当你处于有利的时候，必须贪婪。胜率不重要，重要的是盈亏比。乔治·索罗斯说得更直白：“我不在乎你看对或者看错多少次，重要的是你看对的时候赚了多少钱，看错的时候亏了多少钱。”如果一个交易者所采取的策略，让他在正确的时候能获得大额利润，错误的时候只承受小额损失，那他的操作可以不必依赖高成功率。不符合我的行情的时候，我尽可能少亏，截断亏损。符合我的行情的时候，我尽可能多赚去盈利持长，不要奢望任何行情都能赚到钱。有一点需要明白，任何时候，持有盈利的单子是最安全的交易行为。

著名交易员理查德·丹尼斯也说过：“我的交易中，95%的利润来自我5%的交易，其余的单子都是小亏小赚。”意思是在一定数量的做单量中，盈利的比例不是重点，而是拥有几手单子的持长。只要其中有一两笔盈利了，抓住了趋势，就足矣。

再谈一下关于为什么要以控制亏损作为盈利的第一前提。举一个生活中的例子，例如玩五子棋，绝大多数人的想法都是我要赢，我要连成五个子。这固然没错，但如果反过来想，我完全不看自己的棋子，而是一门心思只想堵对方的棋子，不让对方连成五个子，那么很大概率最终能取得胜利。这个例子所表明的道理就是，只要我不输，迟早就会赢。那么在金融交易的游戏中，盈利和亏损，就是两个对立面，也是这个游戏的根本法则。在交易中，本来一切现实条件，都是对亏损有利，对盈利不利的。我们在此游戏中本身就所处劣势。如果你能明白上述的基本认知，你就会想到，做交易，其实根本出发点是以控制风险、控制亏损为基本目的，而不是以盈利为出发点、为目的。如果你不是以盈利为首要出发点，而是抵御着、防范着产生亏损的各种因素，努力地做到控制风险，在任何时候只要不让资金走势出现大幅回撤，那么我们会很容易做到轻仓、顺势、止损等。

如果我们的盈利系统全部聚焦在怎样避免亏损，只要坚持不被清出局（还拥有交易的本钱），总会有抓到好牌的一天。

——所以顶级交易者不会追求盈利最大化，只会不断控制风险，只把盈利当成是控制亏损时的意外所得。

以上所讲的就用华尔街的一句名言简单概括——截断亏损，让利润奔跑。话说到这里，再假设一点，如果我们每次进单还都能使赚钱的概率加大，也就是还能大概率做到一买即赚，再加以配合上面所讲的小亏损、大收益，是不是更是锦上添花呢？答案是肯定的。所以请谨记，一是将自己每次入场获胜的概率从50%提到60%，甚至80%（不幸的是，对于一般交易者来说，他们往往不是没有耐心，也不是不知道危险，他们也知道要耐心等待时机，但问题是他们没有足够的知识和经验判断何时才是正确的时机。其中主要是指进场点，后面章节会有详细讲解）。二是每次只下本金的小部分，不至于因为几次大止损就会本金损失殆尽。三是再结合如上所讲，截断亏损，让利润奔跑，赢时赚大的，亏时损失小的，那么你获胜的概率其实就远远超过了50%。这样长期下来必然就能够做到稳定盈利。

Section 3

第三节 拥有完善交易系统的前提性

“工欲善其事，必先利其器。”

人们常说一句话，在股票市场中，纪律和心态控制重于一切。然而，我却要表明，这一切的前提，是你必须要有一套完善、经过市场考验的交易系统，否则，就有空谈的危险。交易技术永远是第一位的，它就像是交易者的眼睛。一个交易界的“盲人”，他在交易市场中无论怎样做或做什么都是错的。

做单之前，一般人能够保持相对客观。一旦进入市场，头脑思维就变得不可靠，完全无法信任。操作原则不清晰、不具体，就容易随心所欲做单，以致什么都不能有计划地严格执行。我们常常无法执行事先计划好的止损，最后造成重大亏损。所以，场内交易的决策远不如系统的稳定，场内的临时决策会无限放大人的弱点，而人性是我们无法轻易抵触的，只有用系统先来强制规则，随后长期遵守，再反作用于自己性格本身的弱点进行修正。有一套规则的交易系统能使交易者在实盘过程中有章可循、有法可依，从而起到控制心态过于波动的作用，心里有底气。只要系统显示的是做空信号，哪怕全世界的人都看多，我们也只能做空。严格地按照系统操作才能保证亏损最小化、利润最大化。期货界有一句名言：“一个优秀的操盘手是一个没有观点的操盘手。”所以建立一个适合自己的交易系统非常有必要。

一个专业的投资者，必然应该就是一个系统交易者，只有按照系统去执行操作，才可以真正避开心理和情绪波动的影响，才可以真正完全的客观和理性，也才可以持续地抓住机会、避开风险。

荀子《劝学》中说："不积跬步，无以至千里；不积小流，无以成江海。"只有经过无数次的洗礼，才能厚积薄发。交易系统的形成，必定需要进行大量实战，随后总结出各种运行规律、技术要点。只有经过大量的实战，才能懂得多一些，再从纷纷扰扰中选择大道至简的那一部分。其中后期的联想分析能力、归纳总结能力等尤其重要。也就是所说的把书读厚再读薄。曾看到数学家华罗庚谈读书时从薄到厚又从厚到薄的过程，即开始时你什么都不懂，书自然很薄，随着学习你发现该学的东西越来越多，书就会变得很厚，最后你都懂了，要明白的要点就是这么多，书就会变得很薄。这个过程可以推广到学习任何技能，炒期货、炒股也不例外，你想跳过中间的"厚"而由"薄"直接到"薄"是办不到的。有可能你看到的与那些有大量实战经验的老交易员是一样的，甚至结论都相同，但是你只是转了一个弯，他们却转了十个弯。大道至简，必须要经过由繁至简的过程，你看到的简单也许是单纯，而他们看到的简单却是精髓，不是同一个东西。但如果一个有经验的过来人能告诉你后面的"薄"是什么，或许能让你缩短"厚"的过程，但你必须经历"厚"的阶段。

完善了自己的交易系统之后，心态自然更加稳定、自信，而你也必然用最严格的纪律去遵循你的交易系统指示的信号行事，因为违反它，将把你置于非常不利的境地。在你和你的交易系统充分磨合而且你确信你的交易系统可以灵敏地应付大多数市场变化的时候，你会发现，通过交易赚钱，其实是一件轻松、快乐、水到渠成的事情。一切都变得和谐，你终将远离并告别亏损。简而言之，就是融会贯通，提炼、萃取出自己的系统交易方法。

能够穿透市场的纷繁复杂，寻找到市场运行的本质，以及投资操作的核心，并且将它们简化进自己的交易系统中，这是交易者最关键的投资能力。

要做这样一个交易者，首先得建立一个完整的交易系统，投资的成功要义就是简单的盈利模式重复做，而且是大量做。只有这样才能显示出这种模式的大概率特征，才能实现稳定盈利。接下来，就是严格按照交易系统进行操作，在具体交易的时候不能带有任何个人看法和情绪了。

交易者学习交易技术必须经历由简单到复杂、再由复杂到简单这样一个过程。就交易系统而言，简单的不一定是正确的，但是复杂的一定是错误的。交易系统越简单越好，把简单的东西用到极致，就是高手。因为在交易市场中，复杂交易几乎就等同于“风险无法控制”，就如乔治·索罗斯所言：“系统越复杂，犯错的余地就越大。”

Section 4

第四节 严格遵守交易系统的执行力

你能相信一个衣衫不整、邋遢拖延的人会去遵守期货市场的规则吗？你认为一个对自己要求极低的人会去坚守一些枯燥无味的交易规章制度吗？生活中，不自律会慢慢摧毁一个人的心智、外貌，甚至是人生。自律是什么？自律就是自己管理自己、自己约束自己。这是一个很重要的能力。先学会克制自己，用严格的日程表来控制生活，才能在这种自律中不断磨炼出自信。自律也代表着对事情的控制能力，如果连最基本的时间都控制不了，谈何自律。同时，自信心的强弱很大程度上决定一个人成就的大小。一个人成就的大小，往往不会超出他自信心的强弱。成功的先决条件就是自信。

当懒散成了习惯、不自律成了生活的常态时，你会发现过得越来越痛苦。唯有懂得自律的人，才能拥有自由行走世间的底气，成就想要的人生。唯有自律，才是解决人生痛苦的根本途径。自律，是解决人生问题的首要工具，也是消除人生痛苦的重要手段。

唯有一个自律的人，才能厘清生活中的细枝末节，让其各安其位，稳当妥帖，串联起井然有序的人生。缺乏约束的自由，不是真正的自由。这不过是一匹脱缰的野马，面临的却是万劫不复的深渊。乔布斯也曾说过："自由从何而来？从自信来，而自信则是从自律来。"唯有拥有对事情的掌控能力，以及自律的精神，才能收获真正的自由。自律决定了个人机器的运转，决定了你的执行力，决定了你能否成为更好的自己。天赋是上天给的，自律是自己选择的。尝试做计划、写日记、控制注意力、要事优先、今日事今日毕、先啃硬骨头、构建自己的时间管理系统、平衡好工作和家庭……对自己严格一点，时间长了，自律会成为一种习惯、一种生活方式，未来的你会感谢现在的自己。

就像康德所说，假如我们像动物一样，听从欲望、逃避痛苦，我们并不是真的自由，因为我们成了欲望和冲动的奴隶。我们不是在选择，而是在服从。唯有自律，自律使我们与众不同，自律令我们活得更高级。

交易的难点不在于学习，而在于应用，能够严格按照交易系统去交易的这种自律性所产生的执行力才是区分高手和低手的重要因素。

很多人都会有这样的感觉：每当我们通过不同的渠道得到一套盈利的交易系统后，在实际操作中却往往因为种种原因不能完全执行。所以，投资成功的关键不是交易系统，而是交易者彻底贯彻交易系统的执行能力。交易心理和交易内功决定了交易者的最终成败。

除了自律性缺失导致很多人虽拥有了盈利的交易系统但根本无法执行外，还有一个重要原因控制着交易成败的关键，那就是信念。如果交易者怀疑交易系统，对交易系统没有坚定的信念，同样会导致执行力不强。期货就是浓缩的人生，把人性的贪婪与恐惧放大了十倍和百倍。在这个大多数人注定亏钱的投机市场，其实我们最终交易的不是价格，而是信念。

那么，在交易中我们如何对自己的交易系统形成坚定的信念呢？答案很简单，那就是熟悉交易系统、理解交易系统、融合交易系统。交易技术和交易哲学是互为一体的，是交易哲学思想的具体体现，只有这样的技术才能根深蒂固，应用起来才能熟能生巧，而不会障碍重重。

交易者只有将操盘技能训练成一种交易习惯，训练到极其熟练以至于不经过思考的境界，那时自律性、坚定的信念、执行力才真正到达了血液中，才能真正抵制住盘面这种迷人的诱惑，才能完全拥有按交易系统信号操作而不变形的能力。

我们中国人吃饭用筷子，在使用筷子的时候，你会考虑用多少力度夹起这个菜？该用什么角度戳进那块肉？我相信大家不会考虑这个，整个吃饭用筷子的过程自然而然。从来没用过筷子的外国朋友，吃中餐夹了半天，认为筷子真难用。我们中国人之所以认为筷子好用，是因为从小就用，时间久了，深深地印在我们的潜意识里，不用主观意识去支配，我们就可以很自然地使用。我们平时所说的习惯就是潜意识的一种表现——习惯成自然。

有句俗话说得好：熟能生巧。如果我们在交易中能够自如发挥自身技术，那么交易系统的执行力自然能提高很多。

放到交易中，有时明明知道这个时候不应该交易，但还是交易了，定好的规则又违规了，这些都归为潜意识的问题，或者概括为：功夫不到家。这个问题在主观意识这个领域是无解的，冲动交易之后懊悔不已，更有甚者自己抽自己两嘴巴。然后没过多久又冲动交易，继续懊悔不已，陷到死循环里了。冲动—懊悔—再冲动—再懊悔—抽两嘴巴—继续冲动。这就需要不断地操练，不断地打磨。首先是个人修养，其次才是技术系统的不断应用。

你不断地打磨，日子久了，功力自然深。而冲动交易、随意交易等一些交易中的“小顽疾”也就自己消失了。超级操盘手比的往往不是技术，而是以上的种种素质。而这些根源性的解决办法，都来源于生活。

Section 5

第五节 进单位置的决定性

人们的一切活动，包括个人穿衣吃饭、起心动念、待人、接物、处事，无不孕育着因果。

大凡因果只分两大类：善与恶。善因得善果，恶因得恶果。因果一旦形成，势不可挡，不以人的意志为转移，更不由他人顶替，只能自作自受。佛说："菩萨畏因，众生畏果。"菩萨深知因果循环规律，所以，菩萨怕因，不轻易种因，从源头上来约束自己，也就是从自己的起心动念就要看好，莫种恶因。而众生不识因果，不信因果，图一时贪欲而种下恶因，等到果报来时痛苦万分，却悔之晚矣，名为"众生畏果"。

对智慧高明的人，"因"一启动就知道结果了，因里头就含有果；普通人要到结果出来了才知道。"全始全终"这四个字，看起来简单，做起来非常之难。要有好的"全"，先要有好的"始"，之后才能谈"全终"。从理论上讲，与其求结果好，还不如求开始好更好。所以说"菩萨畏因"，也就是说动机是起心动念之因。所以与其等到果报来了才后悔，何不于种因的时候加以检查呢？智者畏因，一开始就怕，就重视、注意，后果就不会有问题了。而普通人一般畏果。这个后果来了他才怕。用现在观念的一句话来讲就解决了，"一个人要想有好的结果，不如有好的开始"。

在期货市场中，上文中所说的因，就是指交易中的买点，其重要性不言而喻。

交易不是每天要做的事情，那种认为随时都要交易的人，忽略了一个条件，就是交易是需要理由的，而且是客观的、适当的理由。除了设法决定如何赚钱之外，交易者也必须设法避免亏钱。知道什么不应该做，跟知道什么应该做几乎一样重要。真正的高手往往对于大多数行情是望而却步、退避三舍的。

但是有一种交易者，他们认为随时都要交易，所以就一直处在越亏越买、越买越亏的恶性循环中，一步错导致步步错。市场上唯一的仁慈就是给你源源不断的安全机会，但人类贪婪的本性仍不知足，所以失去了一切。恰恰是知足救了自己。

在这高精准的游戏中，任何情况下，买入的位置是最重要的。那么剩下的单子都会是零风险的，没有比手持盈利单更安全的事情了。而前提就是要等到那个一买即赚的位置。期货玩的就是高精准的游戏，思维方法不对，轻仓一样会爆仓，频繁止损就是最好的途径。

等到这些道理你都彻底弄明白了，你就会发现，交易最核心的就是开仓，开仓即盈利才是交易的最高境界。

时机就是一切，在恰当的时候买进，在恰当的时候卖出，即可。

Section 6

第六节 设置止损的必须性

不可预测性和波动性是期货市场最根本的特征，这是期货市场存在的基础，也是期货交易中风险产生的原因，这是一个不可改变的特征。谁都无法预测未来会发生什么突发事件，我们所有的技术分析仅仅是分析可能性，根据这种可能性进行的交易是不确定的，没有人能真正预测到市场每一段行情的全部发展过程，只能用相对正确的分析去接近市场的真实情况，去预测，但最终结果只有市场说了算。所以务必加上合理的交易止损策略，不确定的行为必须得有措施来控制其风险的扩大，止损就这样自然而然产生了。

所谓止损真正的含义，在于所设定的止损价格不应该随随便便被击穿，止损区间将被市场的趋势所保护，是一个绝佳的防守点，当市场价格接近止损位置，那么市场将有很大的概率发生反转；但一旦当市场价格击穿此止损位置区域，那么市场必将触发大量的止损盘。高还有更高，低还有更低。如果不设损，你就会把自己置于逆势风险中，这是交易中的大忌。这也是设置止损的意义所在。

要想在期货市场站住脚，止损是你必须要过的第一关。对于大多数人而言，本能上都会抵制止损。不愿去止损，无非是认为行情可能还会有反转的机会，于是硬扛，但到最后遇到一次一去不复返的行情，终于扛不下去了，最后就只会有大亏损甚至爆仓的结局。可以说绝大多数投资者都是由于死扛、不止损而被市场淘汰的。所以，也许我们的交易在某段时间可能会出现连续小亏、盈利欠佳或没有交易等，一方面是源于我们的水平所限，更重要的原因是为了把市场博弈建立在安全机制下所必须付出的基本交易成本，如果吝啬于此，在高风险投资市场，不愿付出必需的风控成本，反而会付出更高昂的代价，而且很可能是那种致命的代价。所以，止损是走上期市赢家之路首先要解决的第一命题。

期货交易中止损是保护自己的重要手段，犹如汽车中的刹车装置，遇突发情况会“刹车”，才能保证安全。止损的目的是保存实力和规避不必要的风险，避免小错铸成大错，甚至全军覆没。止损不能规避风险，但可以减少损失，避免遭到更大的意外风险。想象一下，如果汽车在该刹车时还继续向前跑，那么结局可想而知。

至于从人性的角度分析的话，因为人性好贪小便宜，不肯吃小亏，只能不断地因为贪小便宜而失去了大便宜。不肯吃小亏，而最终却吃了大亏，人们才能最终学会不贪小便宜，不怕吃小亏。可以这么说，期货交易的过程就是克服贪婪等与生俱来的人性，然后在后天培养不贪小便宜的过程。但这个学习的过程并不如同一般人想象的那么简单。贪小便宜、不肯吃小亏是心态，不贪小便宜、不怕吃小亏也是心态。要实现这种心态的转变，我们最应该战胜的是自己，但战胜自己可不是一件容易的事，唯有在交易中不断磨炼自己的心智，在生活中不断强化自己的意志，熬过去了，黑暗后的黎明就到来了。

Section 7

第七节 顺应趋势的方向性

孙中山先生1916年到海宁观看钱塘江大潮时，写下了那句千古名言，值得后世时时刻刻警醒——“天下大势，浩浩汤汤，顺之者昌，逆之者亡”，意思就是任由你再厉害，也无法对抗历史的潮流，如果非要逆历史规律而为，就会被潮流所淹没。这就是趋势的力量。那么，交易中的趋势到底是什么呢？

顺势交易，顾名思义就是顺着当前的趋势进行买卖。如果当前趋势涨就买入开仓，当前趋势跌就卖出开仓。虽然这种顺势交易理解上不存在问题，然而这只是顺势交易的表面意义。

只有在趋势将起未起的时候，把握住趋势才有意义，太早看到趋势其实毫无意义，太晚你会错过太多的东西。在这个世界上，赚钱的事情从来不是辛苦的事情，而是很大程度上被大趋势给决定了。

但现实中很多人其实都能看到一些趋势性机会，然而能下手的人其实也不多，看多做空、看空做多，甚至看而不做的人，其实都挺多。就算下了手，也许进去没多一会就立刻出来了。交易，就是做最好的势、最确定的势、最有把握的机会。用一句股市俗语来解释：会买的是徒弟，会卖的是师父，会空仓的是祖师爷。祖师爷在寻找、在等待他看得懂的最完美的机会——进单位置，最安全的势或者位置。金融市场不是怕没有机会，而是太多的机会。就怕你的钱，莫名亏光了。就是在这纷纷扰扰小概率与大概率混杂中，我们去找到可以赚钱的大概率机会的位置。每一次交易要深思熟虑，有严格止损的前提下，静心等待属于自己的机会，给出合理的止损价格，找出属于自己的波段行情。一波一波地推进，一波一波脚踏实地地前进。把利物莫的一条金言写在身边："钱是坐着赚来的，而不是靠操作赚来的。"首先，每一天没有那么多的60分钟图级别以上的趋势，而只有5分钟图、1分钟图的小机会。做较小周期，就会面临着盈亏比比较低和容易被扫单的情况，日内茫无目的地跟着小势开仓，不过是被多空行情来回地杀。赚了，以那点小势的时空，也不过是点毛毛雨。做单不跟大趋势做对抗，不是说大趋势不好，也不是说没有赚钱的机会，只是抓这种机会会很辛苦，不要与大势为敌——魔鬼的诱惑任何时候都会出现，你可能有时候会获得一些小利，但更多的时候，你将被他彻底地降服。

每个人都知道顺势操作，但是很多人认为难就难在判断趋势。或者就是事后来看，很多人会觉得趋势很明显，但是为什么没赚到钱，主要的原因就是由于技术判断上的缺失，导致持单信心不足。针对于此，本书后面的章节会专门有所解释。

Section 8

第八节 交易中的优秀品质

一、贵在坚持

交易的成功和其他方面的成功在本质上是一致的。万事都是贵在坚持也难在坚持。不论做什么事，如不坚持到底，半途而废，那么再简单的事也只能功亏一篑；相反，只要抱着锲而不舍、持之以恒的精神，再难办的事情也会迎刃而解。纵观历史，姜太公熬得住，终于等到了周文王；越王勾践熬得住，终于成为一代霸主；司马迁熬得住，终于完成了旷世之作《史记》。当然，并不是所有的坚持都会取得胜利，尤其是在淘汰率如此之高的期货市场。但是，唯有坚持才能胜利，遇到挫折不要轻言放弃，比别人多走几步，做到别人做不到的，你就胜出了。在我们身边，总会有一些能捺住性子去熬、不肯轻易言弃的人。他们从不肯让环境左右自己的人生。熬得久了，心性磨炼得坚韧了，就算在千磨百折中，也能成为可以被打倒却绝不会被击垮的人，这也是期市赢家所必备的特质。所以，大器晚成绝非是一碗自欺欺人的“假鸡汤”，前提是你有足够的努力与坚持，在奋斗的道路上多一份忍耐与坚守，就会让你距离目标越来越近。越是艰难，就越有可能收获超出预期的巨大成功，关键是要挺住。其实，任何领域的伟大都来源于一个人坚持到所有障碍都被克服的能力，由于一些人缺乏这种决心和能力，因此注定只能是普通和平凡。

二、勤于总结

“愿意自我反省和总结就是不在同一个地方跌倒两次。”做交易不可能不犯错误，但最终一定要知道错在哪儿了，提醒自己下次不能再犯了。佛教中有三毒之说，指的是“贪、嗔、痴”，这三点其实就是人性的弱点，人人都会有的。“贪婪、嗔怒、痴迷”也是做期货交易的三毒。要克服这些问题，就需要戒律，需要总结，需要反省。有些人能在投资失利的同时总结经验和教训，并不断学习。这就可以让他们在以后的投资中，避免出现类似的情况。而另一些投资人，不喜欢学习和总结，一旦投资失败总是找各种理由为自己开脱，而非在自己身上找原因。长此以往，投资永远不会成功，也会将自己和财富的距离越拉越远。

三、懂得休息

身体的疲乏和劳累、心理的压力和困惑，这种累是所有职业里最具挑战性也最让人难以承受的。舒缓劳累的最佳途径就是休息。休息看似会错过机会，其实，休息更多时候错过的是风险。人在身心疲惫的情况下，什么都不想做，也什么都做不了。

我们每天所做出的任何判断都会消耗我们的精力，当精力被过度消耗，那么我们的决策都不怎么经过大脑，这个时候是没有判断力可言的。交易中也是这样，人在疲劳的时候做单效率大大下降，导致已有的单子不想做分析就一次全平了，或者明明赚钱的单子因为疲劳而无视风险、不做任何应对，最后导致止损出场。

四、善于等待

不要担心错失机会，善猎者必善等待。优秀的交易者都厌恶风险，他们耐心等待最有利的交易机会。如同比尔·利普舒茨说的，如果交易员能够减少50%的交易次数，通常都可以赚更多的钱。耐心，是笔者认为必须拥有的所有优秀品质中的重中之重。

要想在期货市场中不断地赚钱，除了知识和经验之外，还必须学会忍耐，等待赚钱的时机，只在期货价格的运动符合你的入场位置和入场条件时才入场，只有这样，你才能够确定你入场的获胜概率远远大于50%，在这个基础上才有可能不断盈利。市场上有太多一买即赚的机会，也有太多规则的图形形态，我们唯一要做的就是等待一击即中。看过狮子怎么捕猎吗？它耐心等待猎物，只有在时机及取胜机会都适合的时候，它才会从草丛中跳出来。成功的交易者应该具有同样的特点，他们绝不会为了交易而交易，他们等待合适的时机，然后采取行动。因为他们不担心错失机会。这是一种非常重要的心态——机会永远都存在。修炼自己做一个耐心的人，这就是投资之道。找到极安全的交易机会是不难的，最难的是修炼自己做一个耐心的人。

耐心地等待，才会有正确的入场时机，就算买对了也要有耐心去持有，等待着大行情的运行完全。

记住，对市场做出了正确判断不算什么。你在牛市中总能找到许多早就做多的人，在熊市中也能找到一早就做空的人。许多人都适逢其时做对了，他们在最有利的价位买进或卖出。但是他们却没有从中赚到什么钱。做对又能坚持的人不多见。我觉得这是最难学的一件事。还记得杰西·利物莫赚大钱的秘诀吗？赚钱不是靠不断操作而来的，而是靠“坐”出来的。就像庄稼成长有一定规律一样，行情发展也有一定规律，我们播下种子之后，除了施肥、除草，不应该再干预，不要拔苗助长。

“业余炒手，因为大亏损而破产；专业炒手，因为获小利而破产。”也请所有读者记住这一华尔街名言。

五、愿守规矩

在日常生活中，一成不变、守规矩的人，或许会被其他人瞧不起。可是，要在股市、期市赚钱，就必须守规矩，如果不守规矩，不要说赚钱，想要做到不赔钱都是很难的。不少人在股票市场打滚数十年，甚至可以出一本金融操作大全，但为何来到期货市场，却被修理得很惨？其中一个关键，在于期货高杠杆的特性，很容易使得投资人被肾上腺素所左右，而不断重复一些初级错误。没有吸取经验、教训，制定个人的规矩，并严格去遵守。就如同下棋一样，喜欢下随手棋的人，下不出稳定的好棋。

六、独立性格

优秀投资者不是一味地与大众唱反调，他们有的时候与大多数人看法一致、有的时候不一致。关键是他们不去看大多数人对市场的观点，而是永远坚持自己独立去分析市场，独立地做出判断。这类人最大的特点就是有自己分析问题的能力，不盲目跟风，对事物的判断有自己的根据，绝不人云亦云。即便已经众所认同的观点，都还要经过自己的论证后才得以首肯。因为他们要做和大众不同的事情。长期以来，我们习惯集体思维，但是交易是需要独立思考的。

七、承认错误

尽可能少犯错误，这是人的准则；不犯错误，那是天使的梦想。尘世上的一切都是免不了错误的。错误犹如一种地心吸力。——雨果

优秀的交易者不怕承认错误。承认错误无损他们的自尊。因为他们知道，在变幻莫测的期货市场，判断错误是交易过程中必然发生的现象。他们能通过认赔而重新取得清晰的思考与专注能力。事实上许多投资失利者都提到如何从亏损中学习。而只有不断地学习，最后才能到达成功的彼岸。

八、严格的执行力

笔者再次强调执行力的重要意义。如果连基本的执行都存在很大的问题，无论做任何事都很难成功，不仅仅体现在期货上。看看身边那些成功的人，无论他们是打工的还是创业的，绝对拥有值得信赖的执行力品质，这就是一种生存态度。在交易中，不论是策略还是计划，一旦开始就必须严格执行，因为只有在场外制定策略的时候你才能保持相对的客观，一旦置身场内你就失去了理性的判断，这个时候唯一的办法就是执行既定的策略。每天都在行情里随机做出决定，那么你所有付出的代价和交易沉淀的经验都无法帮助到你，这个时候一个老手和新手没有任何区别，你以前的付出算是白费了。对于成功者来说，执行力已经融入了血液和骨骼，成为身体和灵魂的一部分。他们在对自己的严格要求中超越自我、慢慢成就自我。一套良好的交易系统是起点，执行力是难点。要不断完善交易系统的细节，技术不足只是成功道路上一个很微不足道的障碍，良好技术应用背后是交易内功。

九、积极向上的心态

拥有积极情绪的交易者会在学习和交易中克服一个又一个困难，把失败

看作是暂时的、意料之中的结果，把它当作自身发展过程中所面临的挑战。把一切困苦当作成长过程中的肥料，从而能够从失败中学习。蒙受损失后，可以抖擞精神、不甘失败并再次返回交易阵地，也可以在交易中制定和遵循交易计划，始终如一地坚持自己的交易系统，不间断地每天完善交易系统，长此以往，终究会有所成。

十、专心

专心是在任何行业成功的基本要求。在对专业性的要求上，期货交易其实要求不高，用不着很大的资本，也没有很多专业的知识，比成为数学家、工程师简单多了，但千千万万的人都在这里摸爬滚打，你凭什么做得比他们好？普通人每天工作八小时，你也工作八小时的话，只会是普通人中的一员。你要求生存、谋发展，只有依靠八小时以外的努力。八小时之内求生存，八小时以外谋发展。

十一、果断

果断是一种教养和能力，也是一种胸襟和气度。遇事要有谋略，行动果断不犹，得事当勇，直面可解，躲避难结。果断是一种自信，用在情感上，是一言九鼎的气魄；用在事业上，是对周围环境的准确把握、认识和评估做出的决定；用在交易上，更是当机立断的行动力。人在十字路口，总会要选择方向，或许，这个方向不准确，但我们果敢做出的决定，给修正预留了时间和机会。人生不怕走弯路，但最怕原地纠结。

优柔寡断的人很难成功，因为总是前怕狼后怕虎。人在世上，每一天都在探索，都需要果断地决定。成功的交易者有着与众不同的品质，他们拥有正确的思维方式，严谨的交易态度，强烈的自信心、果敢，面对失败永不言败的精神，即使在交易系统最困难的时候，他们也能果断按照系统交易。因为他们知道：成功就是要有远大的目光，克服人性短视的弱点，有坚持一个固定的盈利模式的耐心和信心。

Section 9

第九节 客观面对人性弱点

一、患得患失

进场前，你会持有多或者空的观点，并依次进场。进场之后，一旦手中有单子，就时时惦记账面资金的起伏变化，被各种诱惑、恐惧、贪婪、执着、希望等折磨，并被这种变化左右了情绪，忽略真实的行情本身。这对我们正常的思维判断有非常大的干扰。

无所谓看多与看空，无所谓得与失，只要小赚小亏都在接受范围内，谨防大亏就好了。我们更应该注重过程的正确，结果随遇而安。如果提前去考虑结果，就会扰乱整个交易过程，从而导致次次亏损。人的头脑总是提前跳到远处想着虚幻的结果而忽略当下真实发生的事情，这是我们生命中的荒谬和颠倒。这些都是恐惧或贪婪的成因，投资者下完单又后悔，平完仓又后悔，如此反复，犹豫不决，终其原因，是没有一个行之有效的交易系统，导致在做单过程中的任一环节都会信心不足。

二、对抗市场

首先要明白，市场不因人的意志而转移。我们从小所受的教育都是建立在竞争的基础上，如战胜各种艰难障碍、与困难搏斗等。这种意识已经深深地扎根在我们的内心。其实当我们进入期货市场时，还是带着这样的心理意识。我们常常看到一些各行各业的精英来到期货市场，遭受失败，而且比一般人的失败更彻底。这是因为这些其他行业的成功人士都有一个很强烈的自我，他们不相信自己会失败，也非常不愿意接受自己的失败。

他们的成功使他们的个性变得很强硬，所以当市场变得对他们不利的时候，他们不懂得屈服和退让，而是采用抗争的态度，直到被摧毁。人们在生活中或多或少都会捍卫自己的观点和不情愿承认自己在判断上出现的失误。所以一个人不管自己是对是错，都会把自己的态度坚持到底。因为那个观点是自己的观点，所以他捍卫的不是真理，而是他的自我。人性中这种抗争的天性，这种不愿意屈服、不愿意放弃自我的错误态度是期货交易的最大障碍。例如扛单，不止损，不认错，最后造成大亏或者爆仓。

三、追求完美的心理

追求完美是一种非常贪婪的心理，是一种极端的心理。因为追求完美，就不允许有一点瑕疵，就不能承担哪怕小小的损失，该止损时就难以执行，该盈利平仓时还想贪婪更多。因为追求完美，一个人就试图抓住所有的波动，不希望漏过任何行情。每个人都有自己的局限性，都有自己不擅长的领域。追求完美的心理很容易导致频繁交易以及冲动交易。

四、大赚的心理

把单次交易的结果看得过重，试图在一次交易中暴富。或者拒绝在明显看错市场的情况下止损离场，一直坚守亏损的单子。

交易是长期的过程，没有必要为一次交易的结果弄得要死要活、死去活来的。有时候接受一些小的损失是非常健康的，这样就能够预防大的亏损。这就像适当的感冒对一个人的整体健康有益无害。并且反思一下，这一次盈利与否，难道就会让整个人生大富大贵或者沉入谷底了吗？所以我们要明白，投资的稳定盈利在于长期，而不在于仅仅单次。

五、情绪的失衡

期货市场的波动常常是市场参与者情绪的直接反应。管理情绪、控制情绪是成功交易的重中之重；如果你无法控制自己的情绪，你的一生将会因为不时的情绪冲动而受害。消极的情绪，如恐惧、仇恨、愤怒、贪婪、嫉妒、悲观、绝望、报复、迷信等，都属于情绪自控的范畴。而拥有消极情绪的交易者则缺乏理智、拒绝接受现实、事事怨天尤人等，导致跌了很久后才卖掉、错过最佳买点、卖得太早等。同时消极的交易者也可能把失败当作了消极、重大、最终的结果，把失败归结为自己能力不足、自身弱点或者疏忽所导致的失利。每个人都会产生各种各样的情绪，但是情商高的聪明人，会更好地管理不良情绪，适当地宣泄。情绪控制能力是可以通过后天来培养的，但要注意的是它的培养方法并不是一学就会、一会就用、一用就灵、立竿见影，这个培养过程将是一个长期的、系统的过程。对此，我们要有足够的心理准备。

因此，无论遇到什么事情，一定要控制住冲动。深呼吸10秒钟后，再选择应对之策。这样往往会做出更加理智、正确的决策。冲动的时候不做决定，惊喜的时候不下承诺。管好自己的情绪，你就收获了人生的主动权。生活中形形色色的情绪，我们要学会管理它们、支配它们，不做情绪的奴隶，管理好不良情绪，把不良情绪巧妙转移。同样，生活中对情绪的控制决定了交易中的情绪控制。

情绪失控导致交易失败的三个阶段：一是没出意外之前麻痹大意；二是出现意外之后惊慌失措；三是造成损失之后急于补亏。解决办法如下：

（1）永远敬畏市场，谨慎交易，用战战兢兢、如履薄冰的态度面对市场。

（2）一旦亏损，不要慌张，暂时停止交易，寻找原因，发现问题，查缺补漏，完善交易系统。

（3）着急是交易者亏损的一个最大原因，重仓是着急，没有信号开仓平仓是着急，频繁交易是着急，加仓是着急，实则就是贪，就是想赶紧赚钱。中国有句老话："财不入急门。"耐心一点，冷静决策，市场会给你回报的。

六、从众心理

不要过多地与人讨论。不要与人探讨行情，性格不一样、方法不一样，探讨的结果就不会一致。即使你们同时做同一方向单，出场方式也会出现不同。当一切都在你的技术方法当中，不要与人探讨行情、浪费时间。不要以为兢兢业业就能取得成功，也别以为他人能发现你没有发现的东西。当你技术成熟时，你不会受别人分析的干扰，没必要浪费时间。如果你技术不成熟，那很容易受到干扰，往往做错都是听了别人一言。K线图的分析带有强烈的主观色彩，这导致每个人上完同样的课程后，即使都是市场医生，都可以通过K线图给市场做诊断并付诸实施，但每个人的方法和成效都不一样。这来源于每个人不同的性格、悟性、市场哲学观、资金规模、心理承受能力等。

第二章

初期学习名词含义解析

导读

这不是一本期货常识简介。我期待这本书的读者已经具备了最基本的K线知识，我还期望读者有一定的市场交易经验，因为没有把钱押在交易市场中，不能体验到价格升落所带来的贪婪、恐惧和希望，也就很难明白这本书所阐述的交易规则。在本章中，有些词语解释是笔者自定义的，只是为了便于解析，并且技术上的讲解相对精炼，因为技术本身就没有多难，所以就不要人为地搞复杂。其目的就是想让大家一目了然，便于理解。

Section 1

第一节 如何理解首次转头及二次转头

【图形说明】

一轮下跌或上涨后，终会出现转头的位置，那么第一次转头的位置命名为首次转头，如图1圆圈处。转头后行情随后进行上涨或者下跌，到达一定幅度时，行情又会面临是继续沿着方向运行或者转头运行，那么我们把图1方块处的位置叫作二次转头，也称为第二个首次转头。

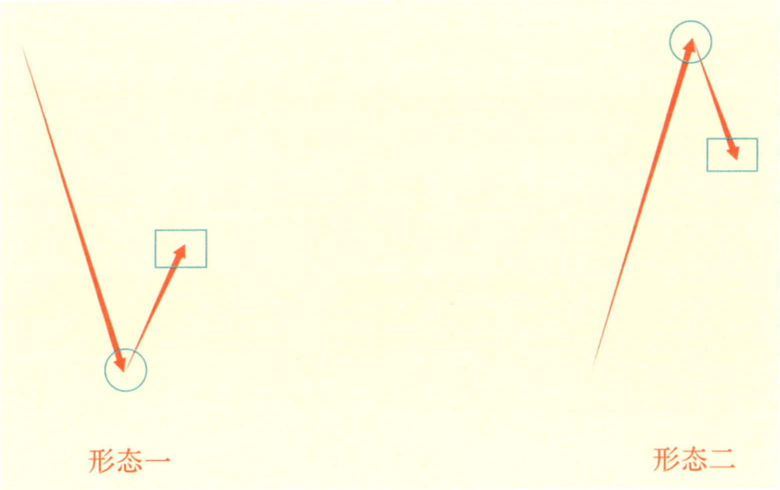

图1

Section 2

第二节 如何理解二次探底及二次探顶

【图形说明】

二次探底，顾名思义，就是第二次到达前低点处。二次探底分为未过前低或与前低持平或跌破前低，如图2中形态一、形态二、形态三。同理，二次探顶的含义与之相反，如图2中形态四、形态五、形态六。

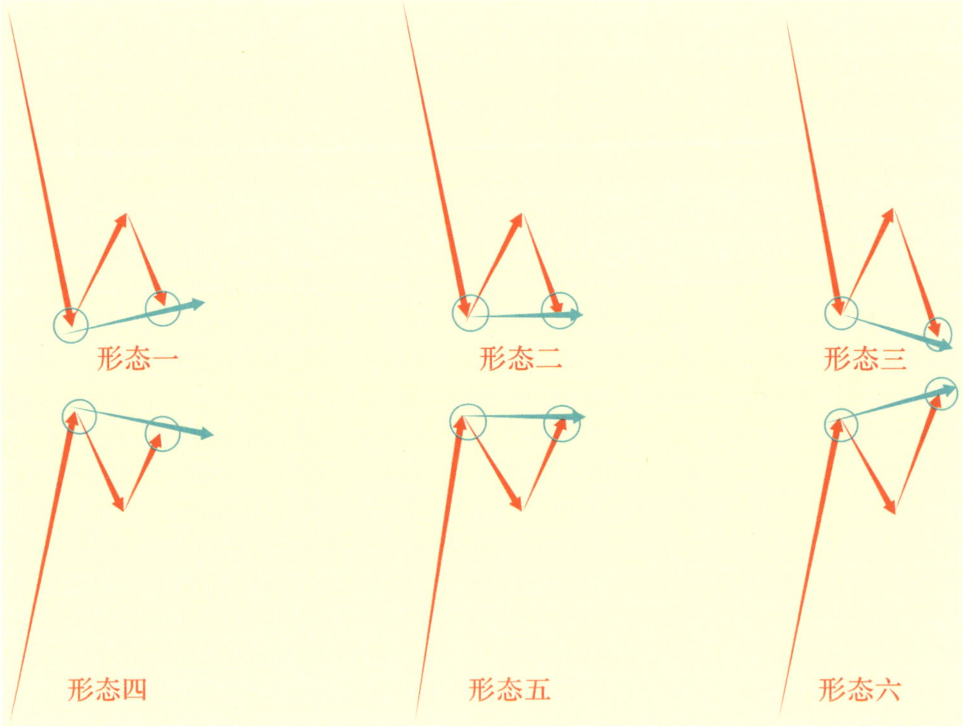

图2

Section 3

第三节

如何理解三次探底及三次探顶

【图形说明】

了解了二次探底和二次探顶的含义，如图3所示，三次探底和三次探顶的理解方式亦是如此。唯一的区别就是多个底或者多个顶，同理，我们可以联想一下四次探底和四次探顶或者多次探底和多次探顶的图形形状。

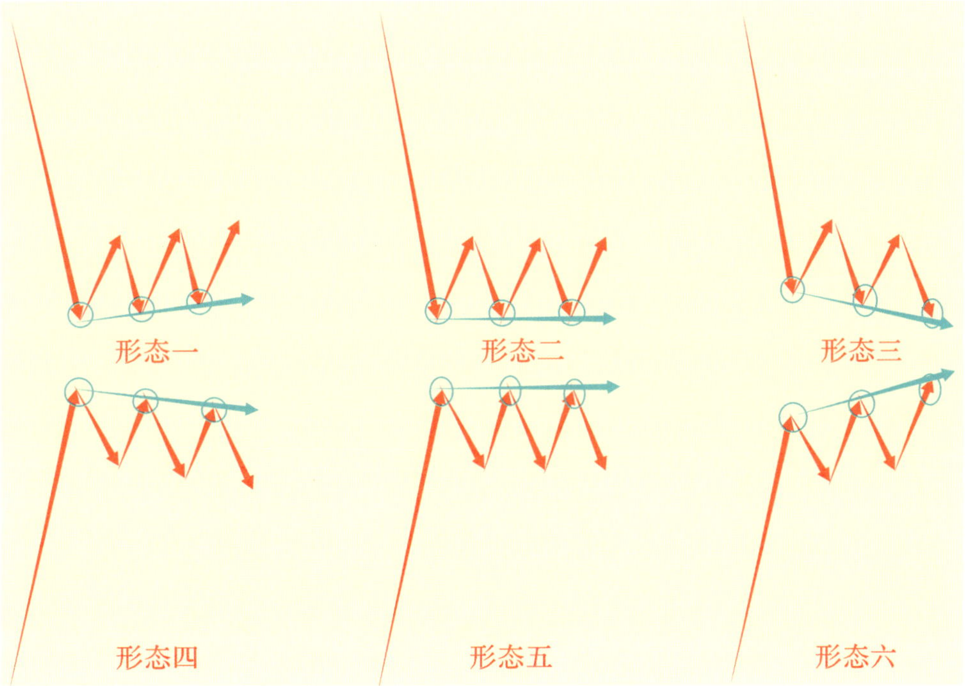

图3

Section 4

第四节 如何理解支撑位与阻力位及反支撑位与反阻力位

【图形说明】

如图4所示，我们常说的支撑位或阻力位就是把几个相邻的低点或者高点连接，如此形态下方就构成了支撑位（下轨），上方就构成了阻力位（上轨）。

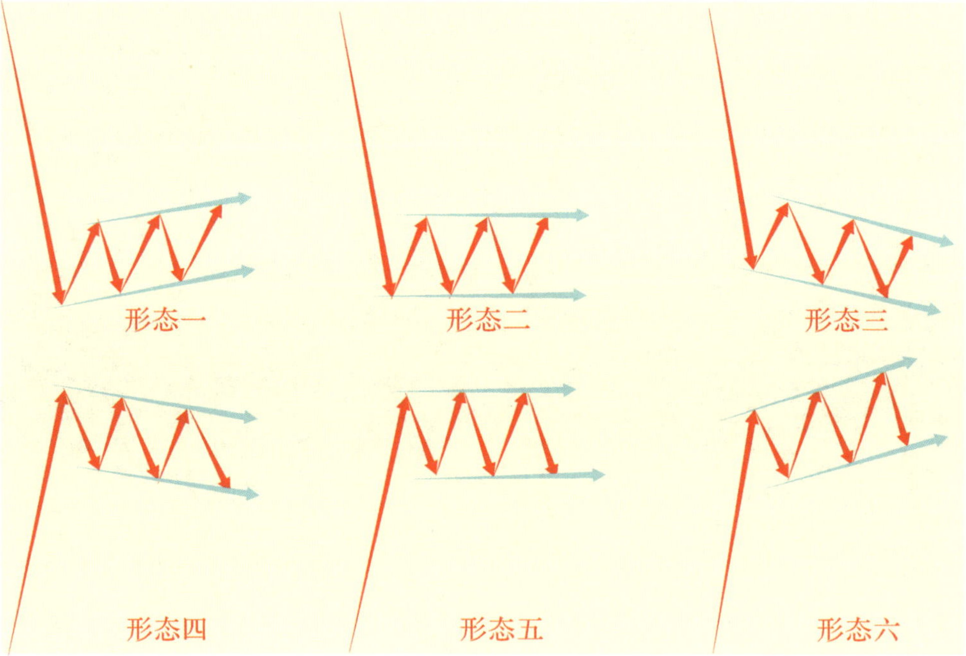

图4

【图形说明】

一轮下跌或者上涨行情后，形成了三次探底或三次探顶。接着行情上涨突破上轨，随后下跌，又再次回踩至上轨，受到上轨反向的支撑位，随后再次起涨，突破前高至新高，那么如图5中1处的位置就叫作反支撑位。同理行情跌破下轨，接着上涨反弹后又受到下轨的反向阻力位，随后再次下跌，跌破前低至新低，那么如图5中2处的位置就叫作反阻力位。

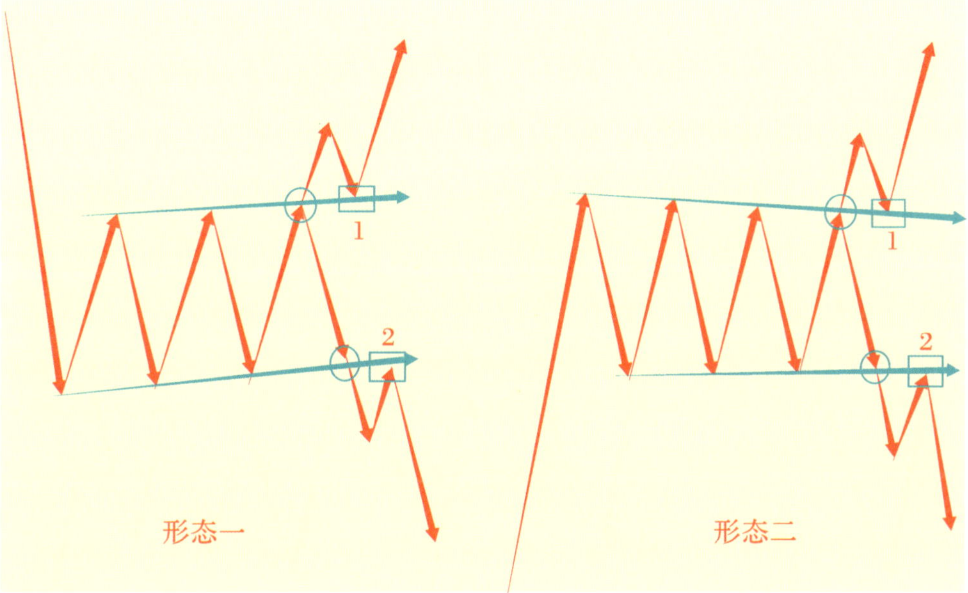

图5

Section 5

第五节 如何理解下跌中继平台与上涨中继平台

【图形说明】

顾名思义，中继，通俗理解就是中途停顿一下，随后继续的意思。如图6所示，下跌中继平台体现在K线中的含义为：一轮下跌行情后有个小平台震荡整理下，随后跌破小平台的下轨继续沿着原趋势方向运行。

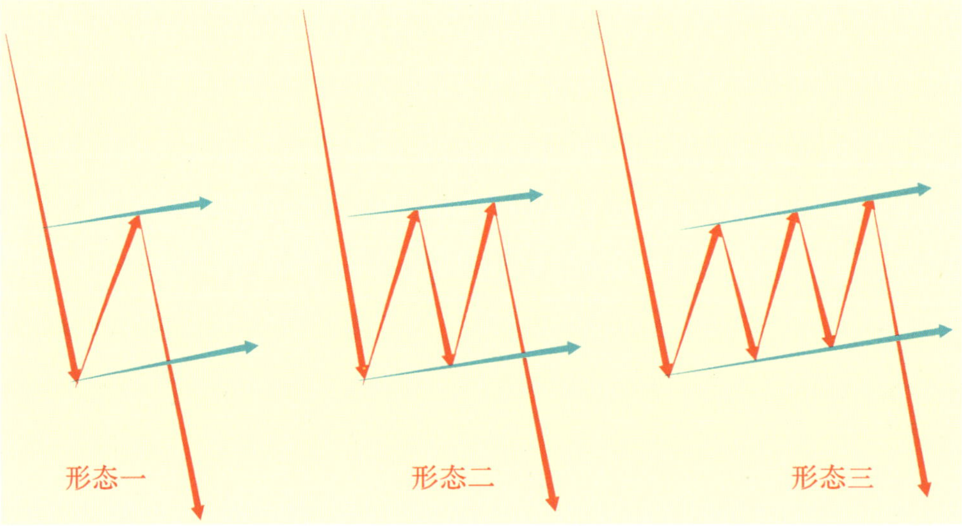

图6

【图形说明】

如图7所示，上涨中继平台含义同上，只不过行情的运行方向向上。

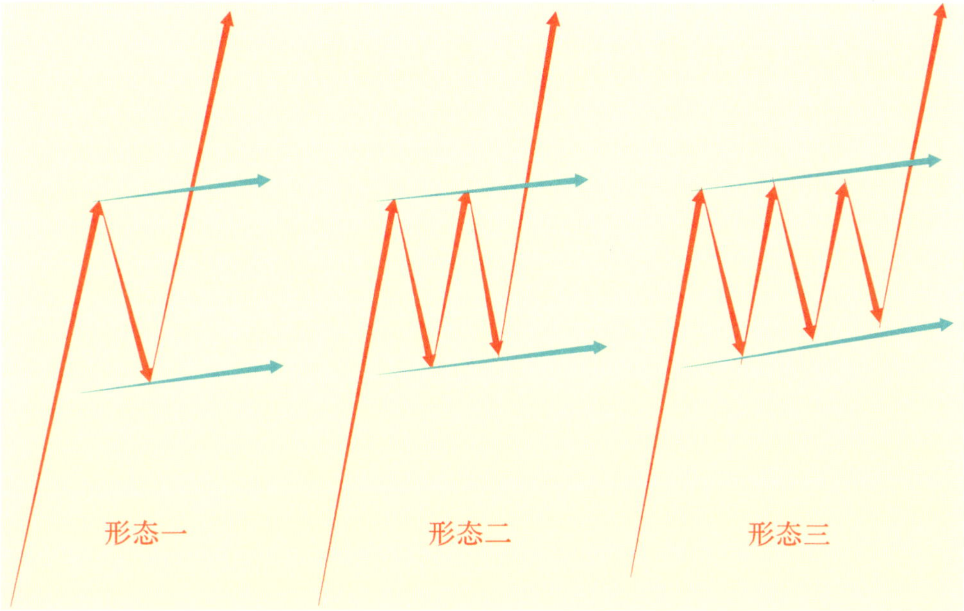

图7

Section 6

第六节 如何理解浪形理论的分析及运用

【图形说明】

如图8所示，下跌或上涨中继平台是暂时休整，随后沿着原方向继续运行。那么浪形大家可以理解下，同样也为朝着一个方向推完前浪再推后浪，力度会比中继平台有过之而无不及，所以两个或多个中继平台才能构成一个完整的浪形，只不过名称变成了下跌三浪或者上涨三浪形态。

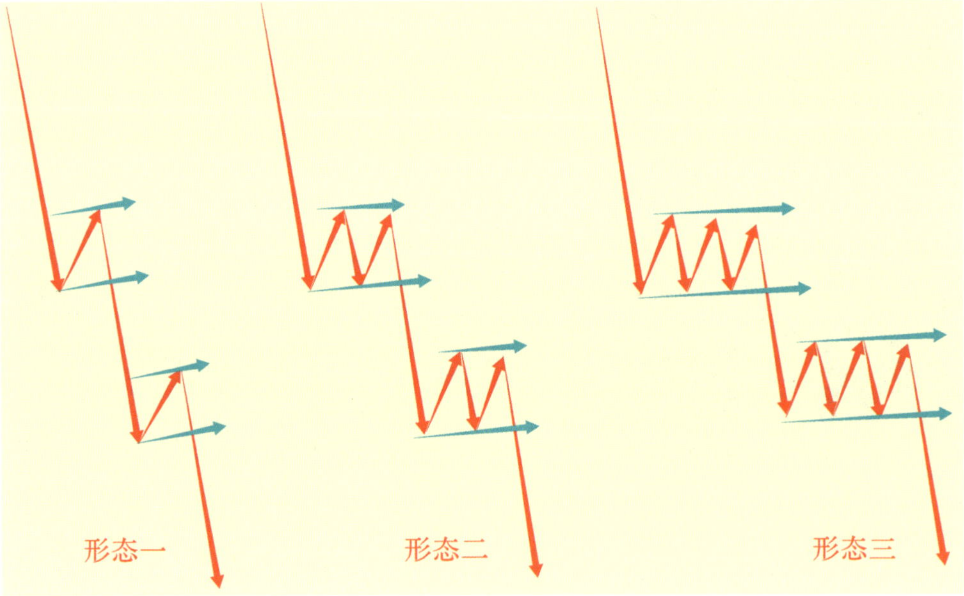

图8

【图形说明】

以图9中上涨浪形为例，同理于中继平台的含义，在浪形图中也会出现，有时一个顶点和底点就突破上轨上涨，有时需要两个顶底的震荡休整才突破上轨上涨。有时又需要三个顶底的震荡休整，随后才突破上涨。其实行情运行的无序性，充满各种可能性皆来源于此，但其万变不离其宗。

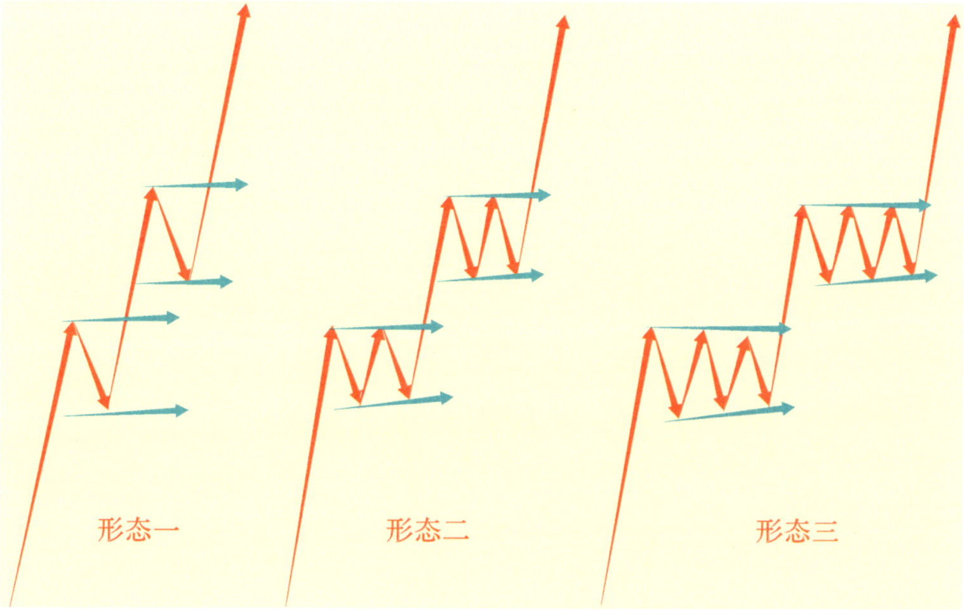

图9

【图形说明】

接下来继续分析。我们都明白，一轮行情的下跌肯定不会一直下跌，迟早会有反弹的时候。同理，一轮行情的上涨也肯定不会一直上涨，迟早也会有回踩下跌的时候。所以，如图10中1处和2处的震荡休整小形态，面临着跌到位和涨到位后，行情不继续向下或者向上变盘运行了，而是转头运行，到达了3处和4处。

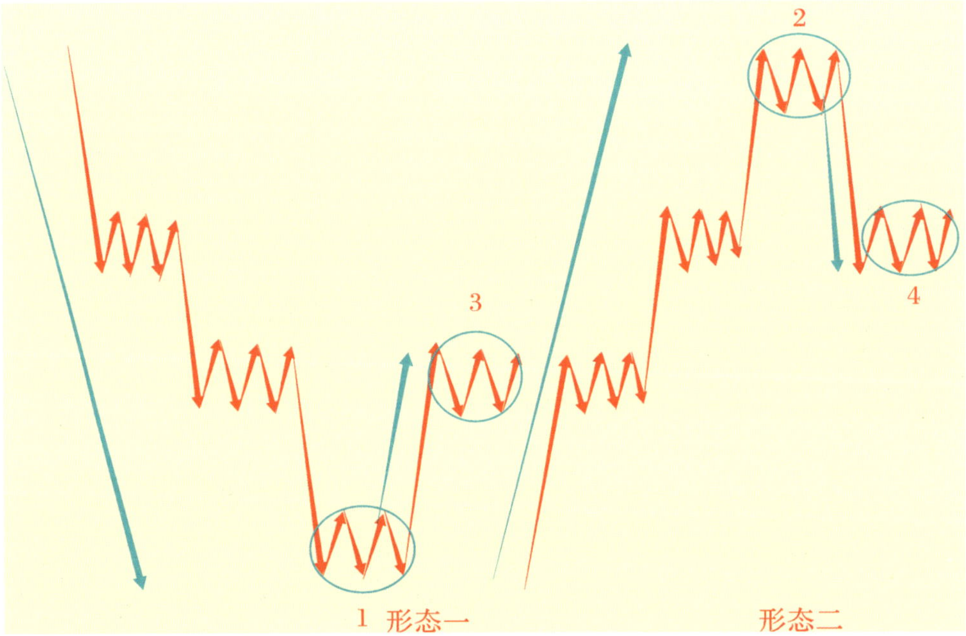

图10

【图形说明】

讲到这里，我们仔细思考一下图11中的形态二与形态四。怎么如此似曾相识？它不就是第二章第一节中所讲的首次转头和二次转头吗？只不过形态二和形态四中的一轮下跌和上涨行情是由形态一和形态三中的三个小浪形构成，至于2处、3处、5处、6处是由1处、4处的小形态组成，如图11所示。

这其实就是K线运行规律的本质，其实后期我们就会明白，如果形态一和形态三是个60分钟周期图，那么形态二和形态四也许就是个日线周期图。日线周期图那2处、3处、5处、6处的一个个点，在60分钟周期图中，那个位置其实就会是一个个小形态。

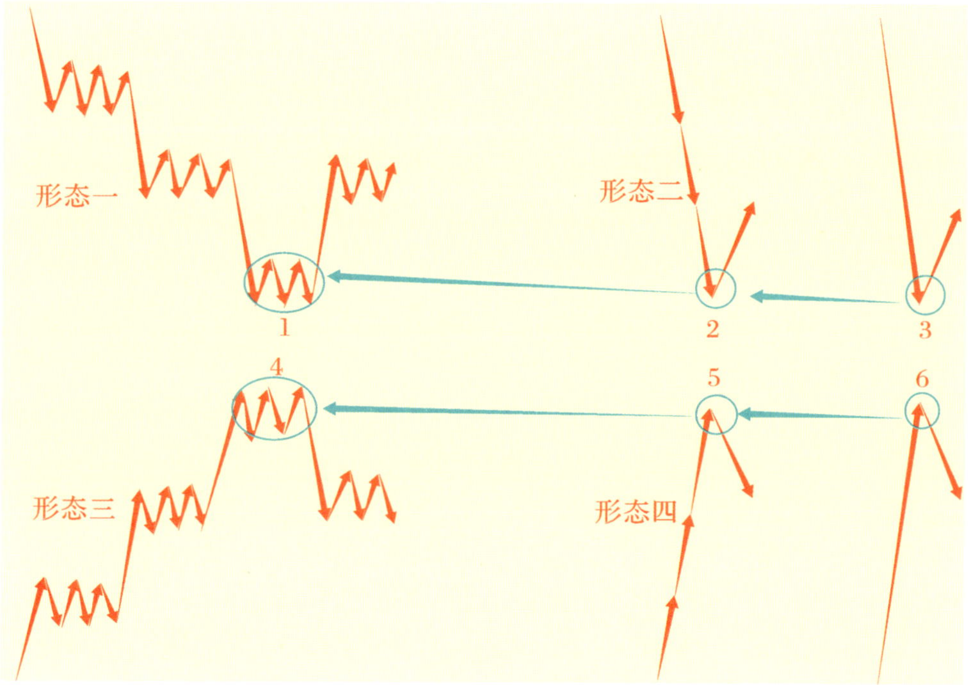

图11

【图形说明】

如图12所示，形态一、形态三和形态二、形态四一样，也有二次探底或二次探顶和三次探底或三次探顶。

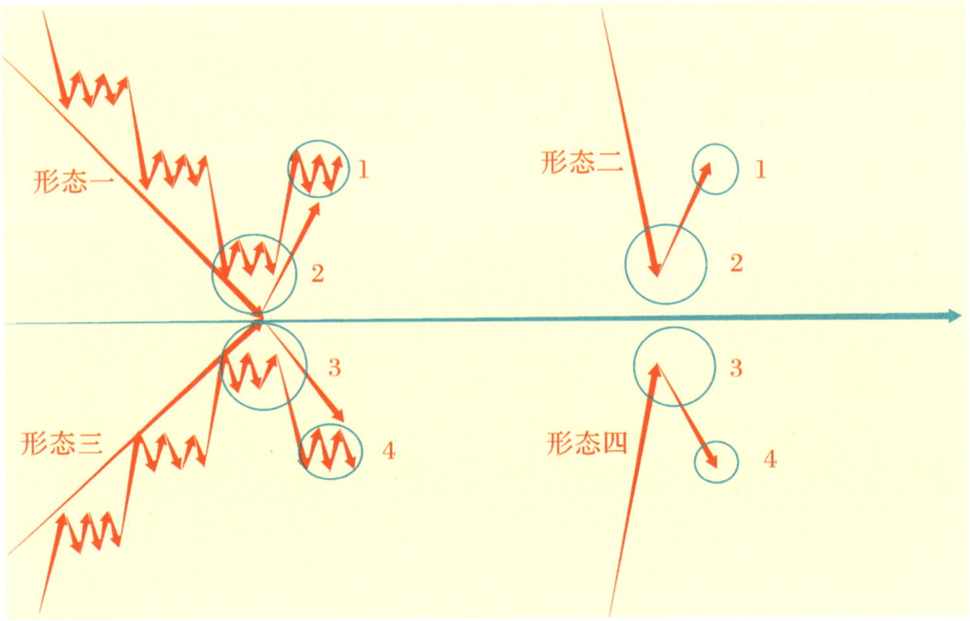

图12

【图形说明】

如图13所示，先来个二次探底1处，找一下感觉。

再来个二次探顶2处，相互参考一下。

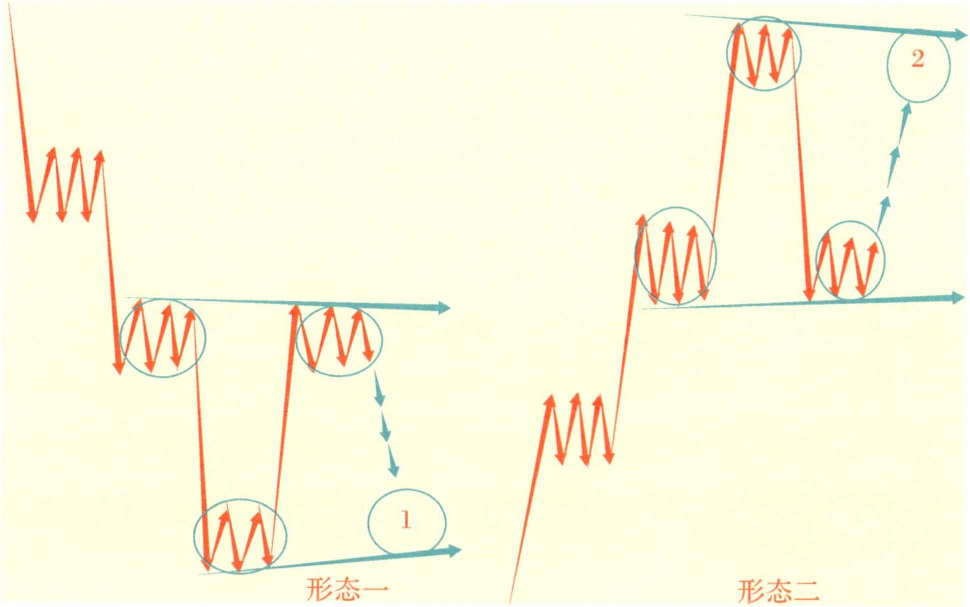

图13

【图形说明】

参考第二章第二节、第三节以及之前提及的四次探底以及多次探底等，如图14所示。

在这里再提及一下浪形的运行规律，一般一轮下跌行情的浪形是由三小浪或者四小浪构成，如果有第四小浪，那么一般为主跌浪或者延展浪。如果为主跌浪，一般幅度会照前三浪拉长。如果为延展浪，相反会缩短一些。同时浪形还具有收复规律，也就是一旦如图14行情下跌转头后，一般都是收复最后一小浪，随后再震荡休整，形成几次探底和几次探顶等。

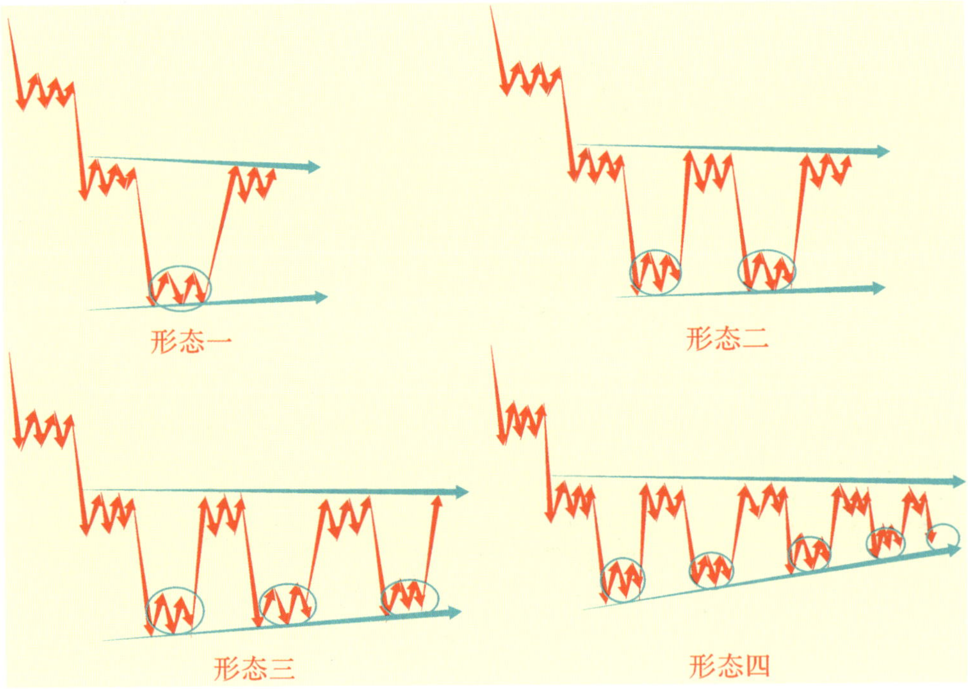

图14

【图形说明】

如图15所示，一轮上涨行情的浪形构成情况以及收复情况。

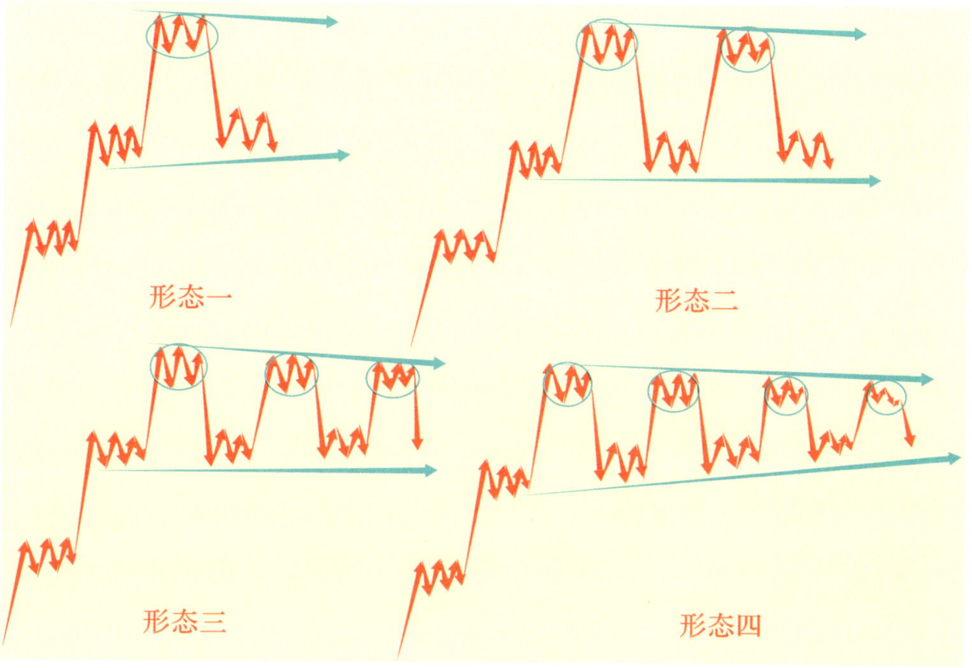

图15

【图形说明】

如图16所示，形态二和形态四分别有下跌中继平台和上涨中继平台，形态一和形态三同理。

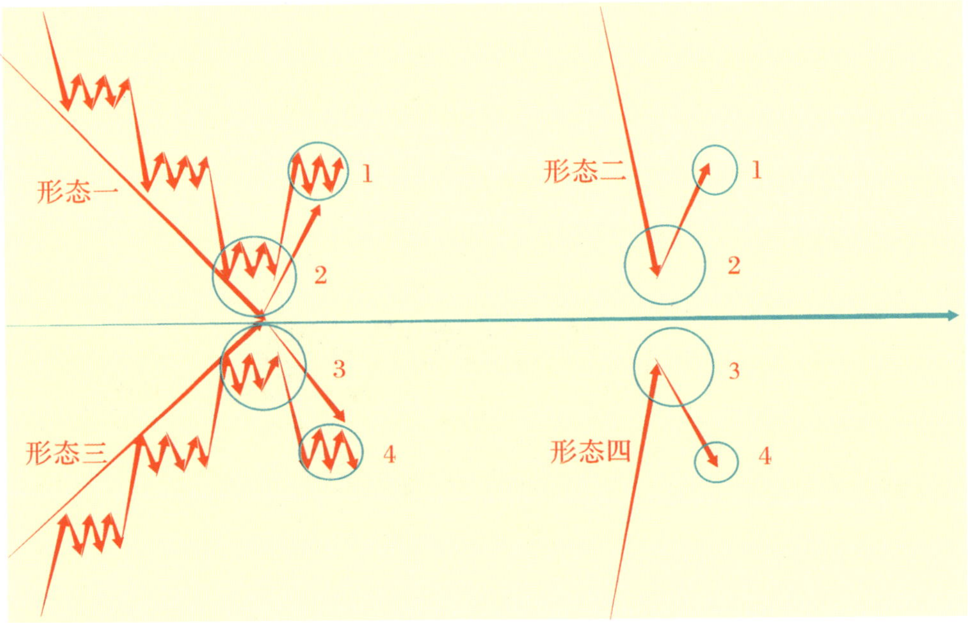

图16

【图形说明】

我们在本章第五节已学习过下跌中继平台和上涨中继平台，举一反三，由之前图14演变出来的四种图形形态，就全部如图17、图18呈现了出来。不着急，由开始到现在多看几遍、多回想几遍。

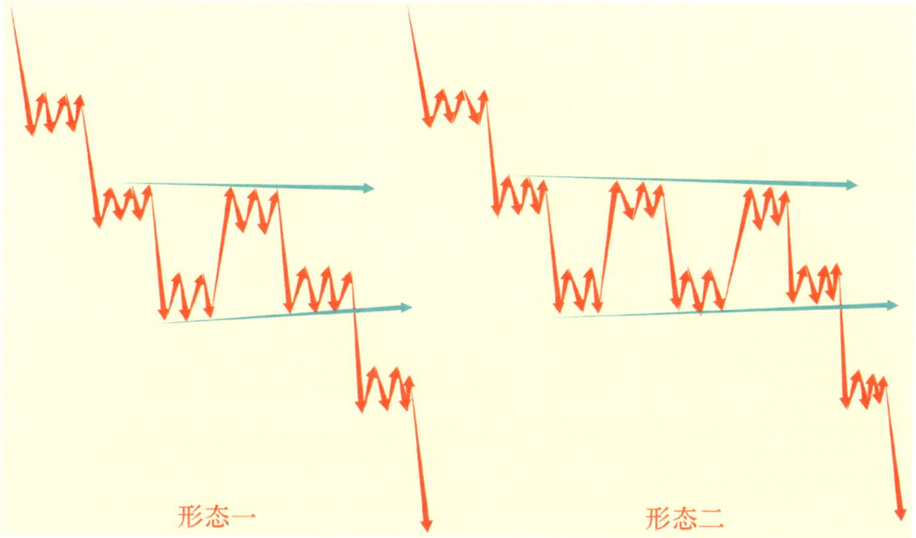

图17

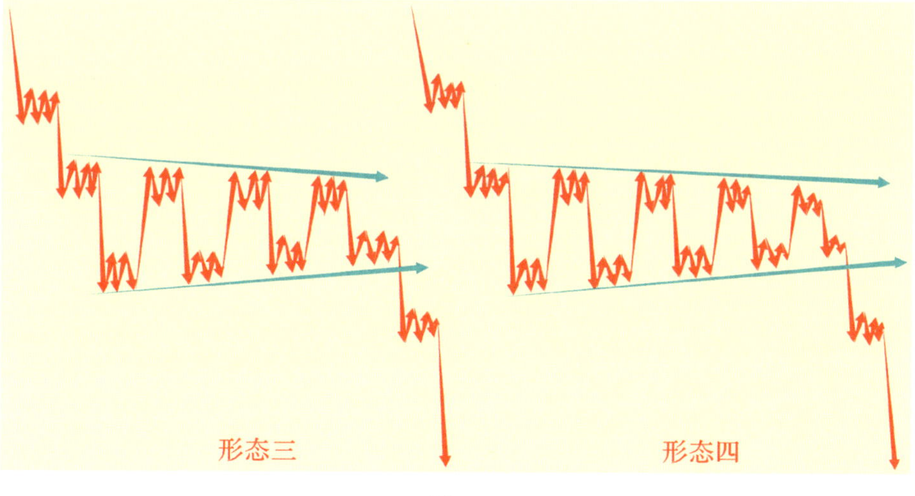

图18

【图形说明】

同理，如图19、图20所示，一轮上涨浪形后的中继平台以及可能形成的四种图形形态。

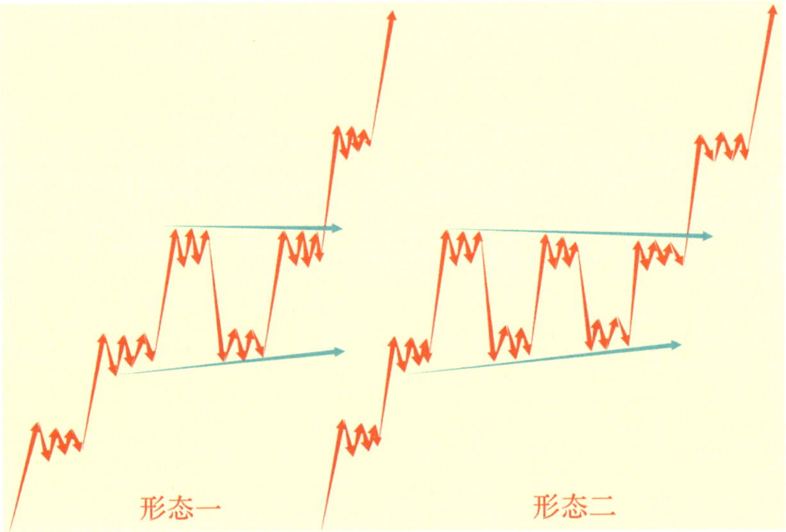

图19

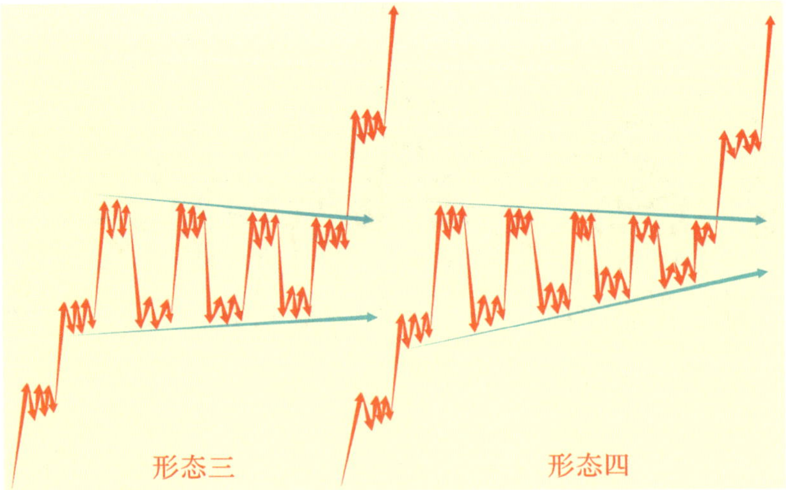

图20

【图形说明】

如图21形态二和形态四所示，这种形态不仅有下跌中继平台或上涨中继平台，还有浪形形态，形态一和形态三亦同理，这些是大形态了。

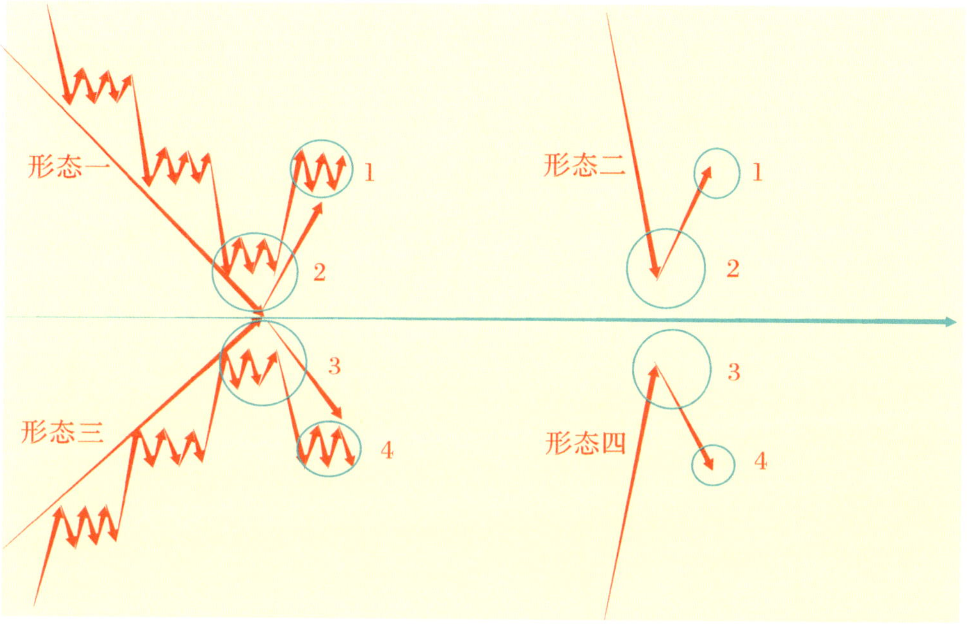

图21

【图形说明】

如图22和图23所示，我们再回顾一下最简单的浪形走势。

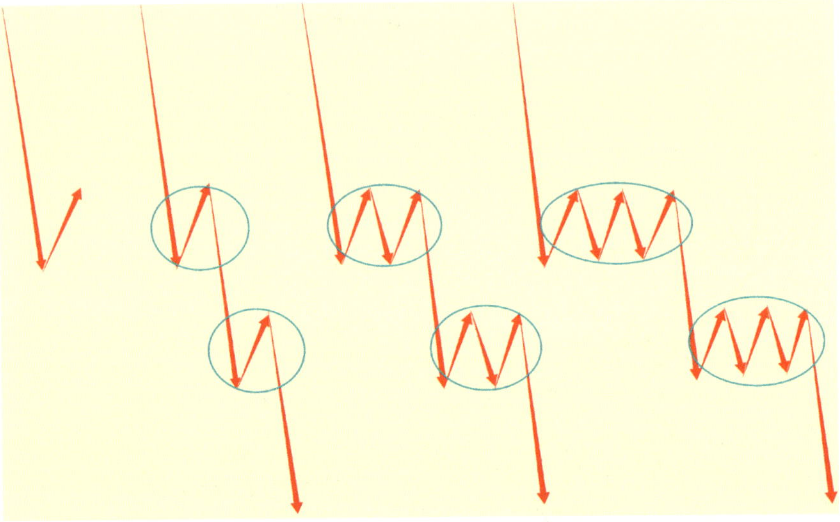

图22

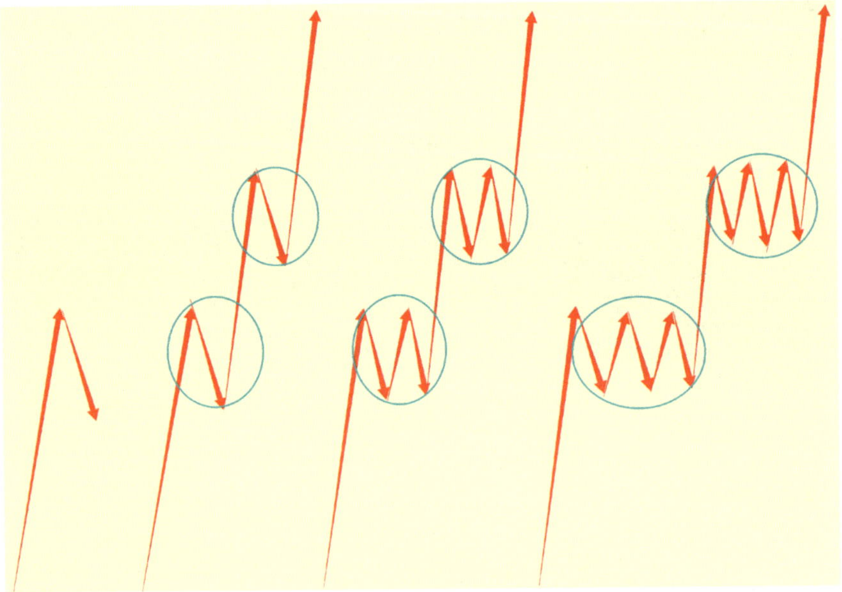

图23

【图形说明】

一轮下跌浪形中包含的浪形，就是大形态。如图24、图25、图26和图27所示。

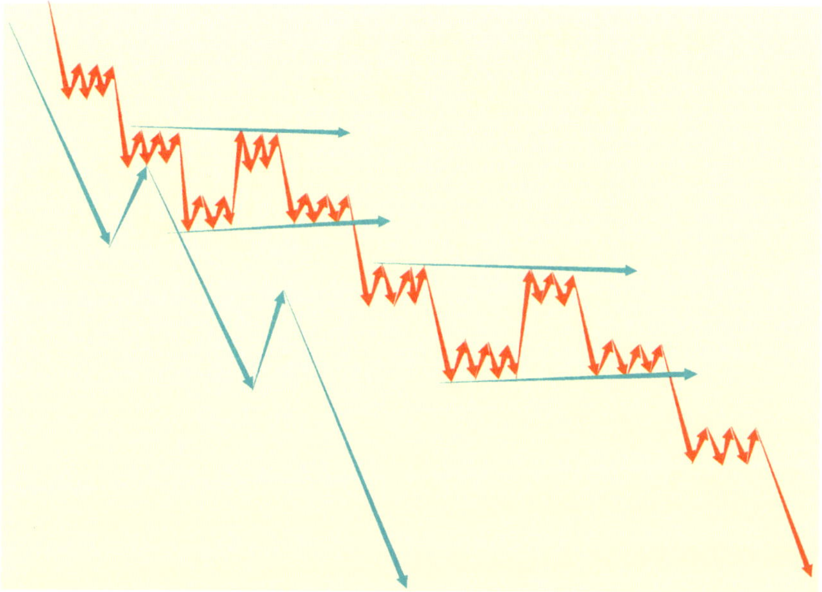

图24

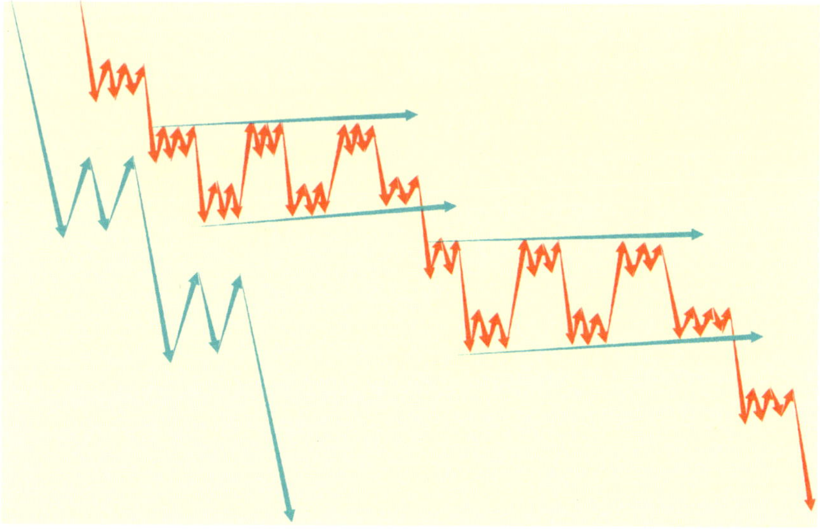

图25

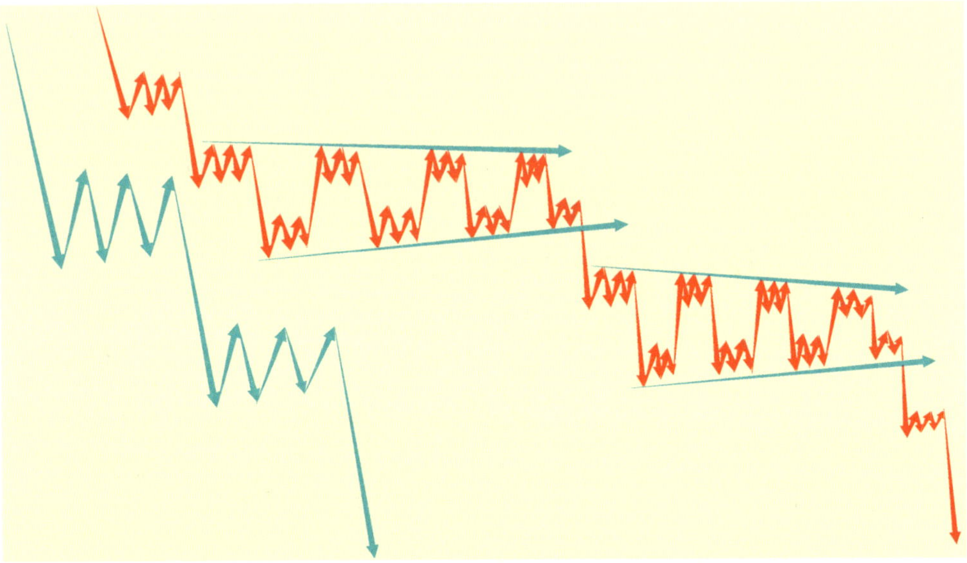

图26

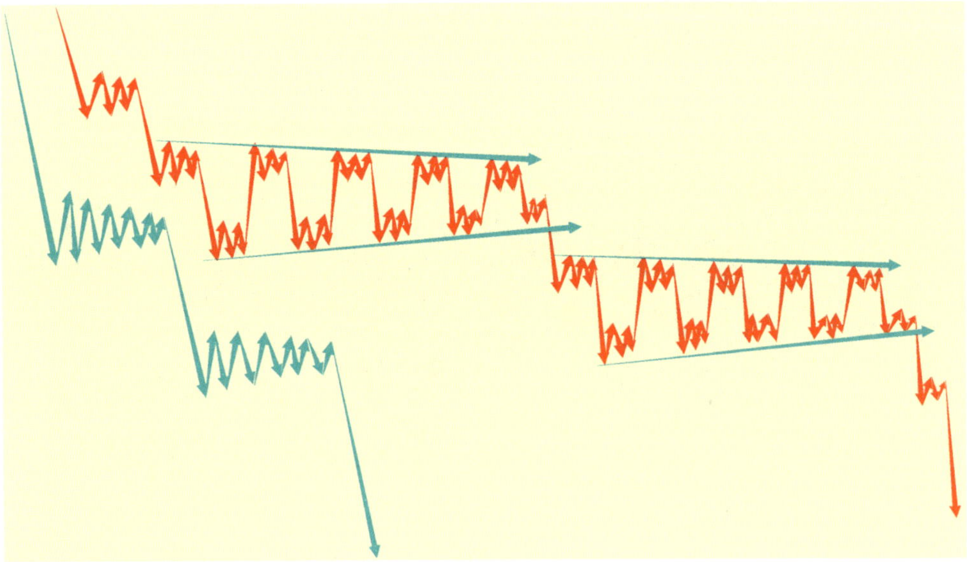

图27

【图形说明】

图28、图29、图30和图31为一轮上涨浪形中包含的浪形走势。

希望通过这些举例，大家能明白由简到繁，随后再由繁到简的K线运行规律。多加思考、多加对比、多加分析。

至此，以上K线运行规律的八种形态及可能走势，全部呈现。万变不离其宗，都在这里。

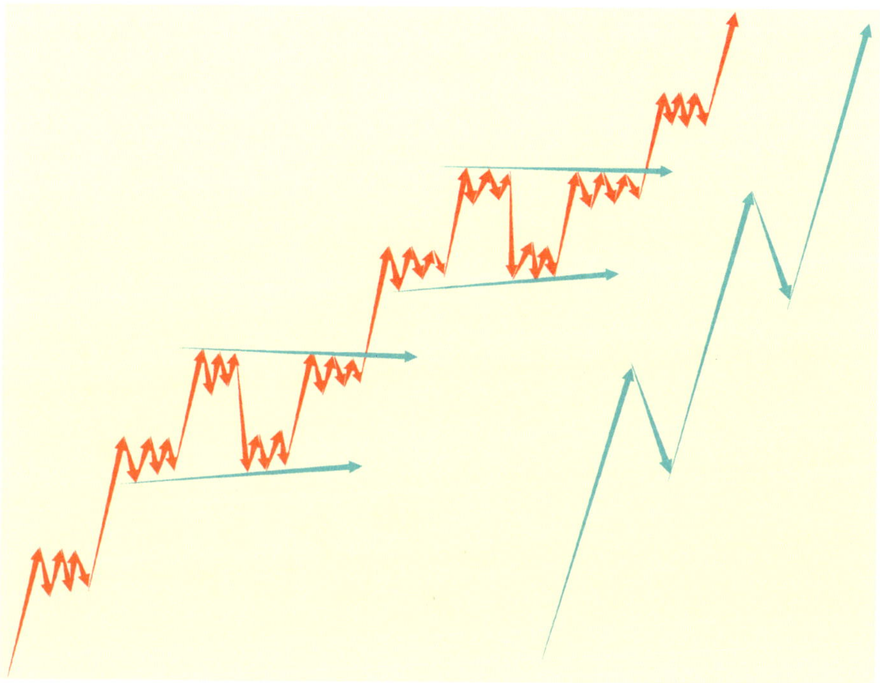

图28

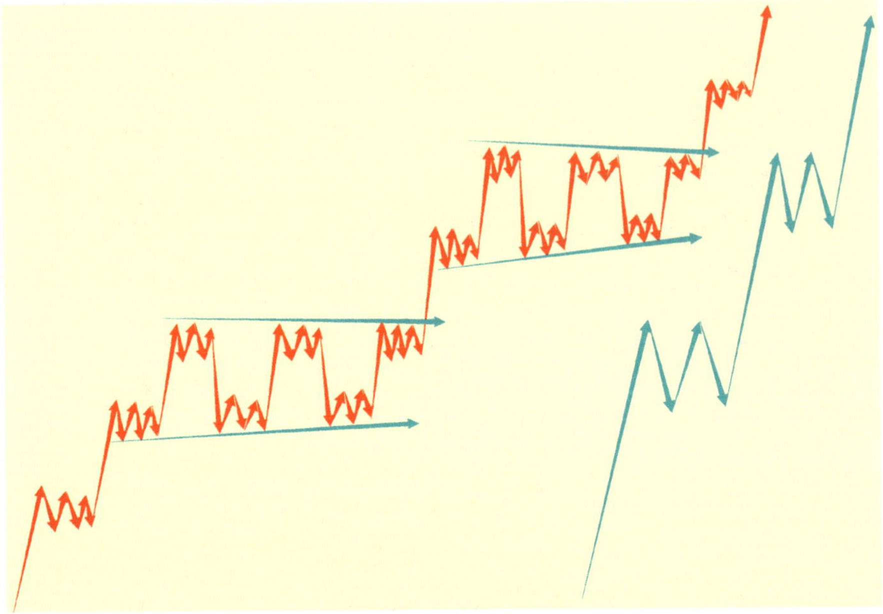

图29

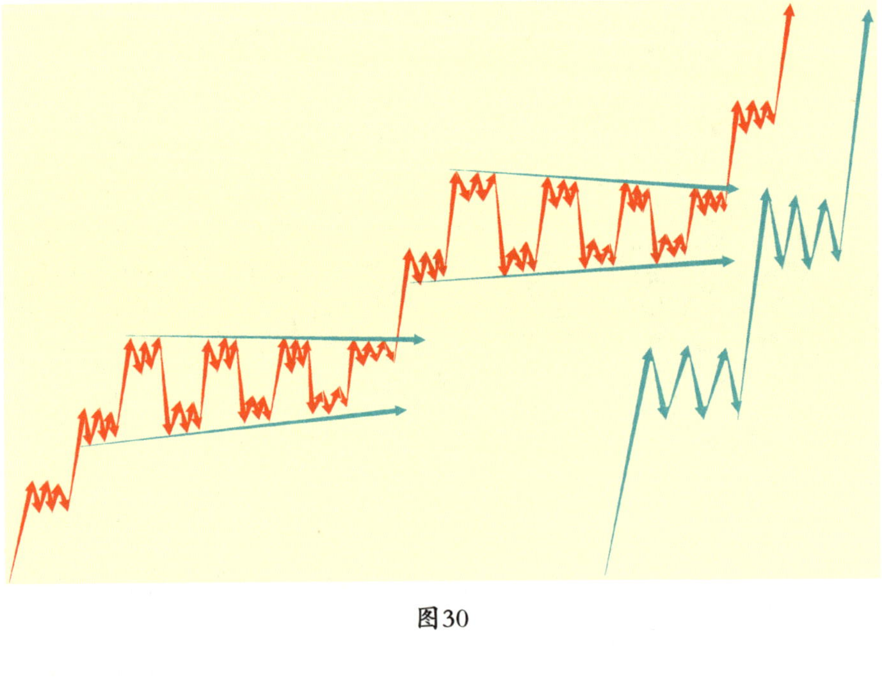

图30

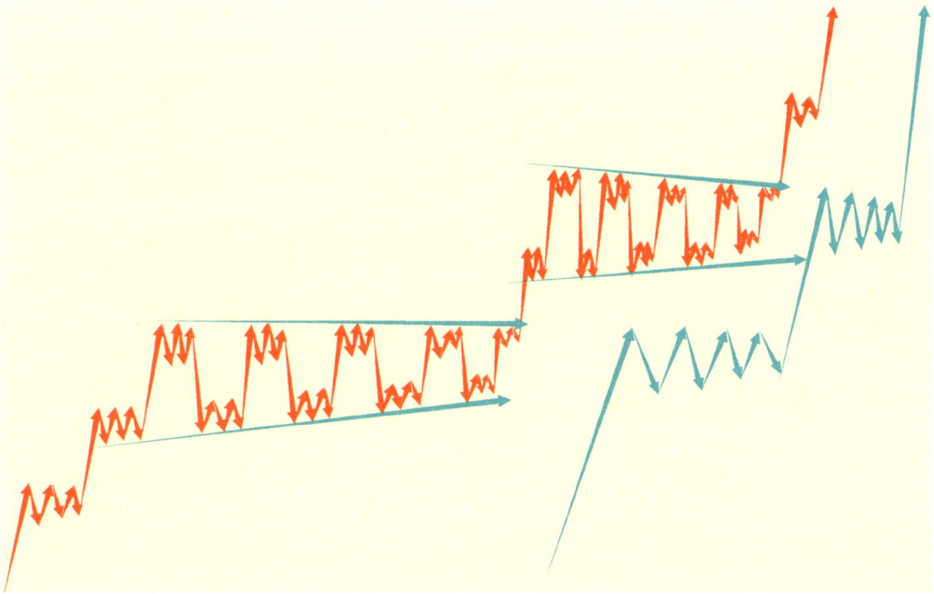

图31

【图形说明】

再次回到图32分析，不管形态中只有一个底点、顶点还是有无数个底点、顶点，我们分析的变盘方向都是沿着趋势运行，也就是不管是中继平台还是浪形分析的种种情况，变盘后都是沿着原来的趋势方向继续运行的。

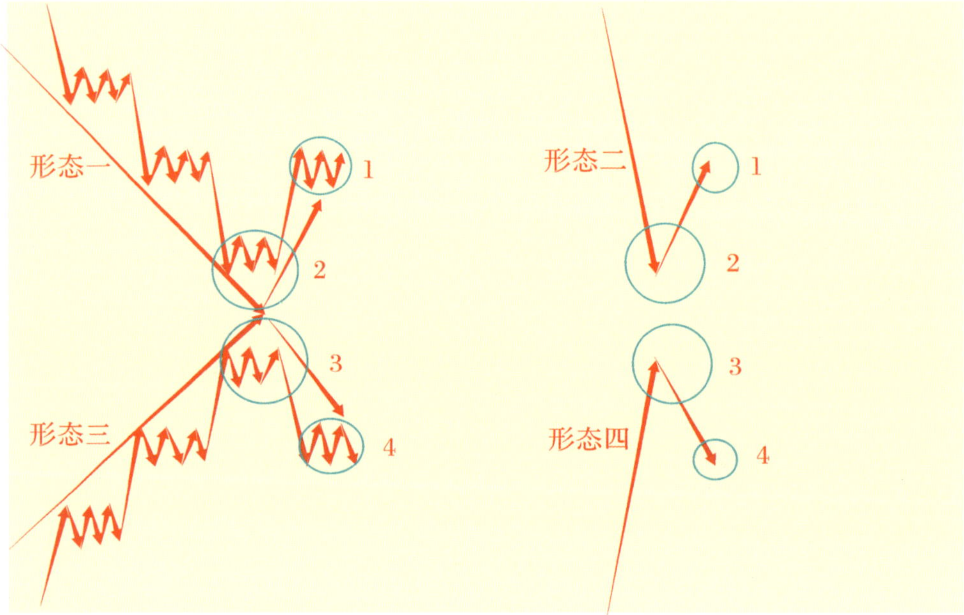

图32

【图形说明】

如图33所示，不管是中继平台还是浪形形态，都是继续向下运行的。

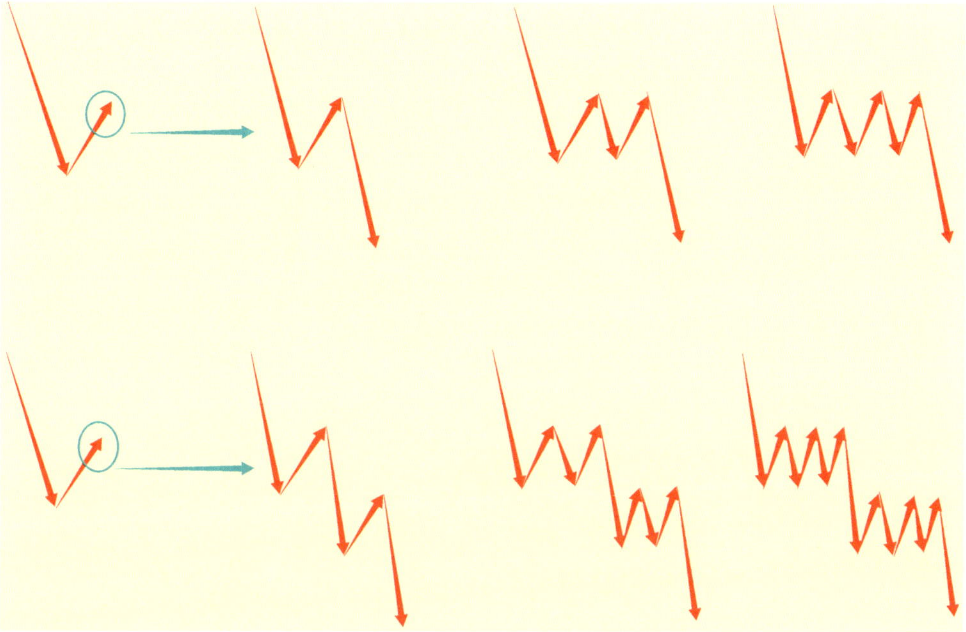

图33

【图形说明】

以图34进行举例，实际上，行情不可能都是反弹一下到达蓝色圆圈1处、3处后，随后就都是跌破下轨、向下运行的情况，肯定也会有继续向上运行的情况。也就是说，行情有可能向上运行，到达蓝色圆圈2处、4处，那么是通过哪几种情况会到达2处、4处呢？

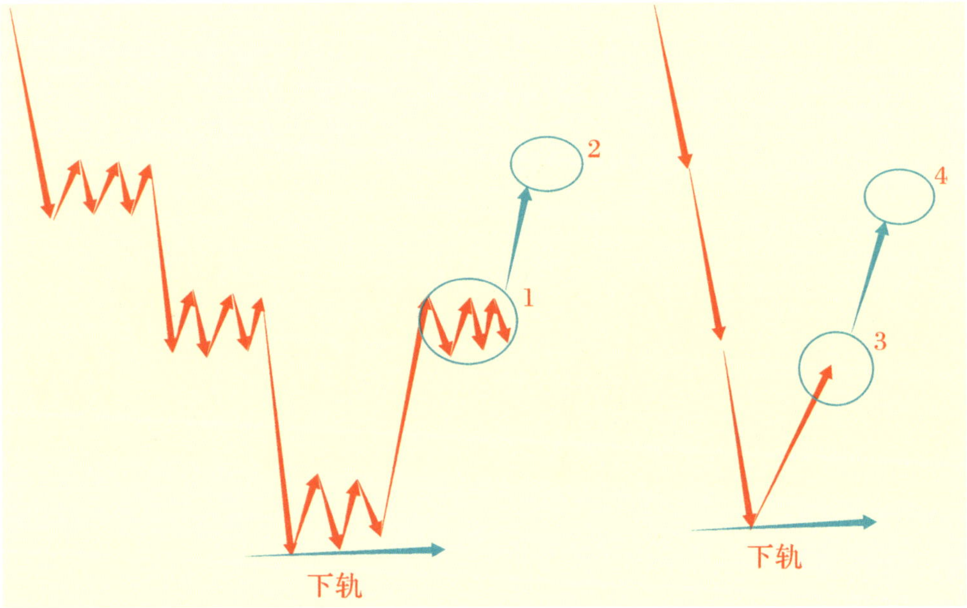

图34

【图形说明】

如图35、图36所示，这是行情继续向上运行的四种情况。

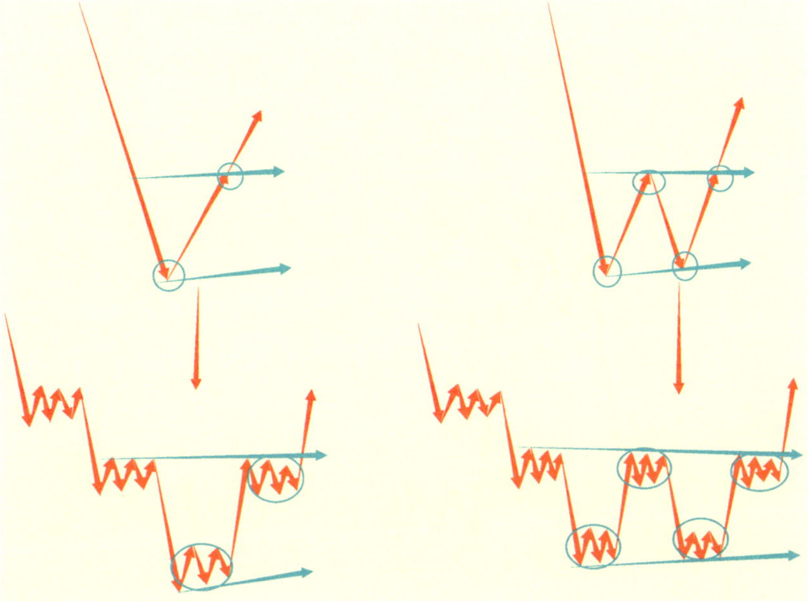

图35

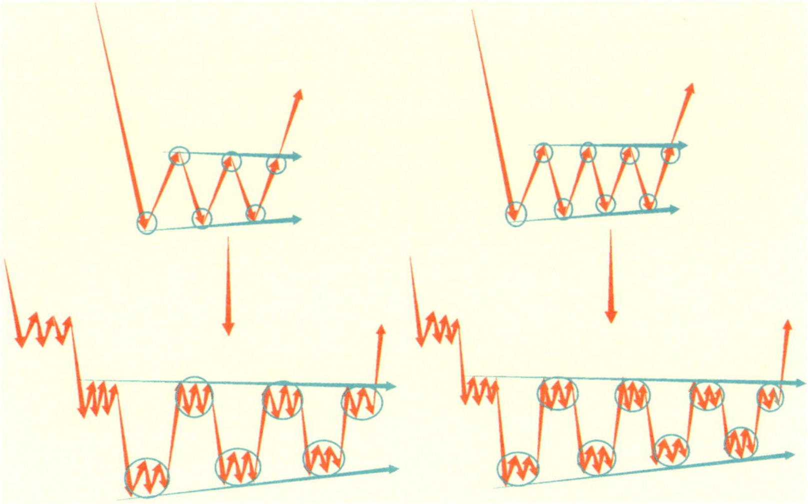

图36

【图形说明】

如图37所示，行情不可能一直都是突破上轨往上走，还有可能如蓝色小形态1处、3处向下变盘的情况，也就是行情继续向下运行到达2处、4处，那么以前文解析的一轮下跌后的上涨行情为例，现在一轮上涨后的下跌行情，就很明朗了。

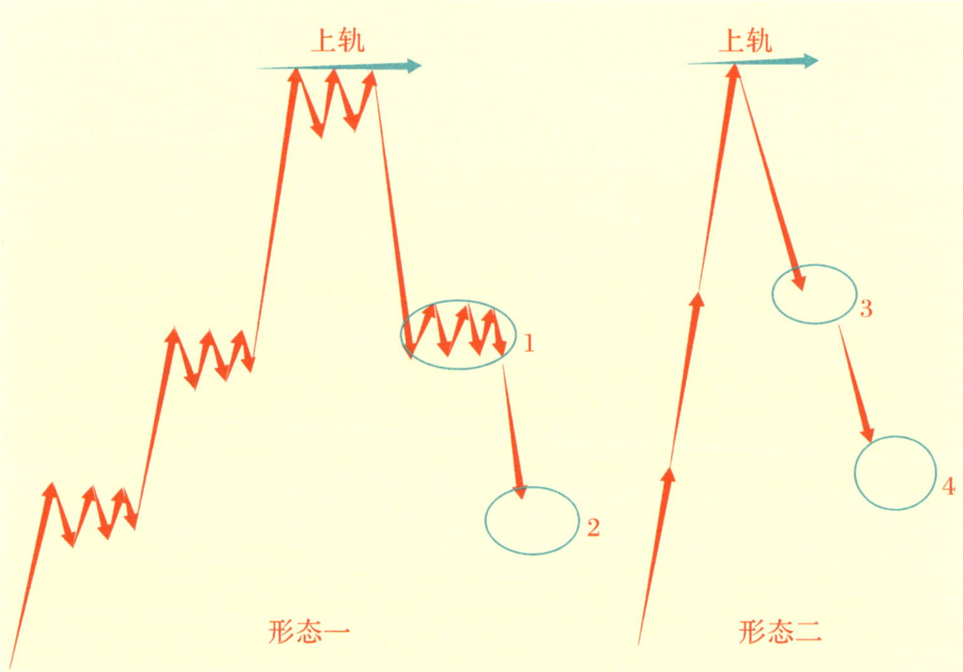

图37

【图形说明】

如图38所示，一轮上涨行情后，不管是中继平台还是浪形形态，都是突破上轨向上运行的，但现实中的行情是不会完全都是这种情况的。

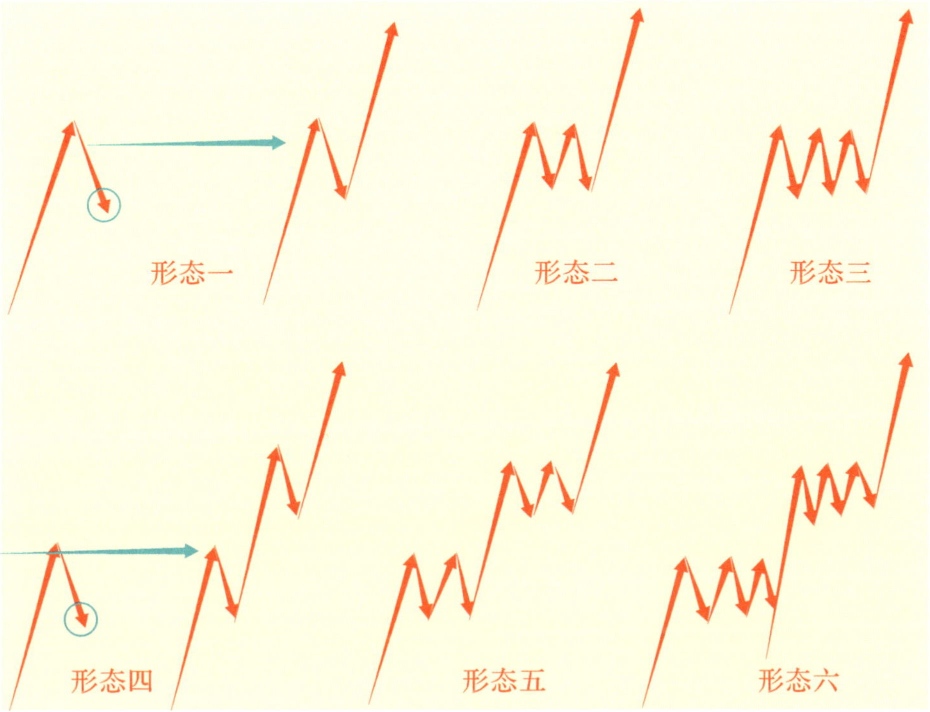

图38

【图形说明】

如图39、图40中的四种情况，突破上轨变成了跌破下轨，K线原本就是这样，充满了各种不确定性，但是我们要做到的就是以不变应万变，知晓其各种运行走势规律，再在其中寻找我们操作的最佳位置。

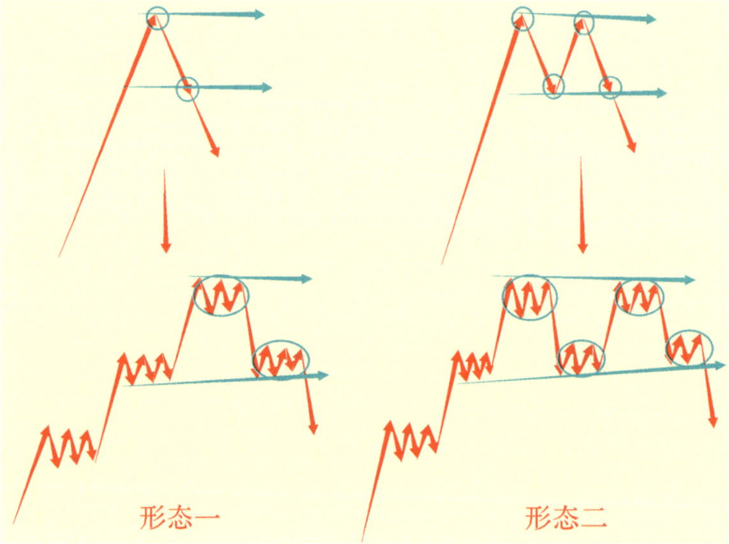

图39

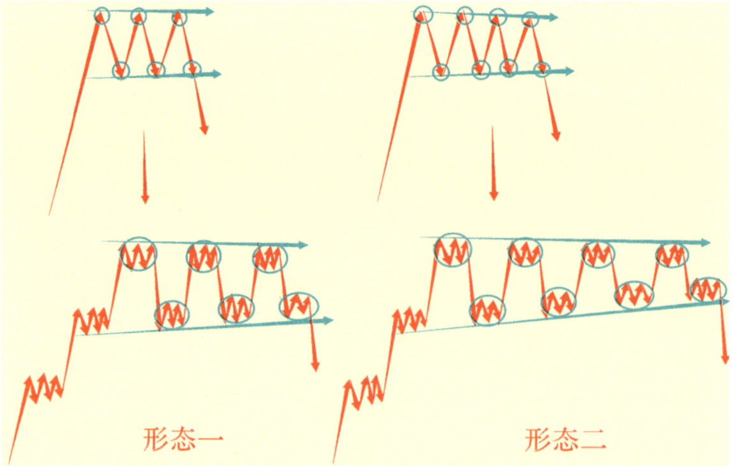

图40

【图形说明】

图41至图44是想说明，行情在运行的过程中，一次探顶、一次探底或多次探顶与探底的形态，或者大形态与相对小形态，都是交替出现的。这也是行情充满不确定性之所在，但行情始终有一个共性在那里，在此先留下悬念，待后面解释。

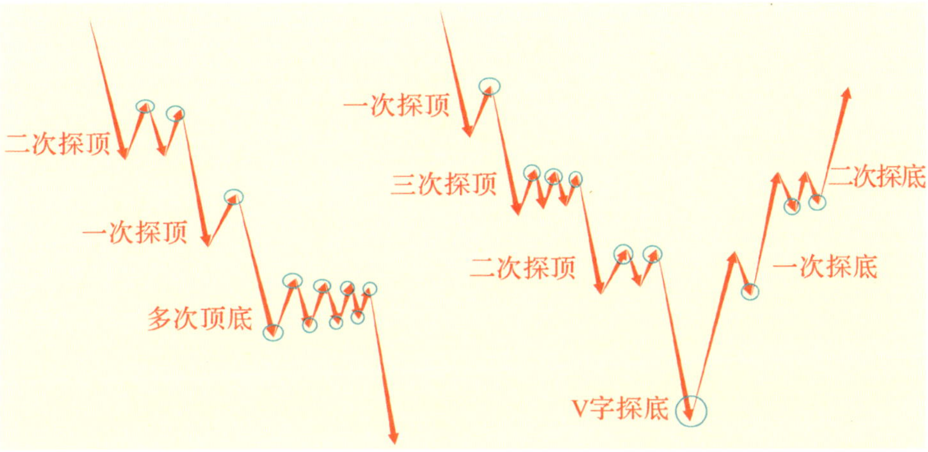

图41

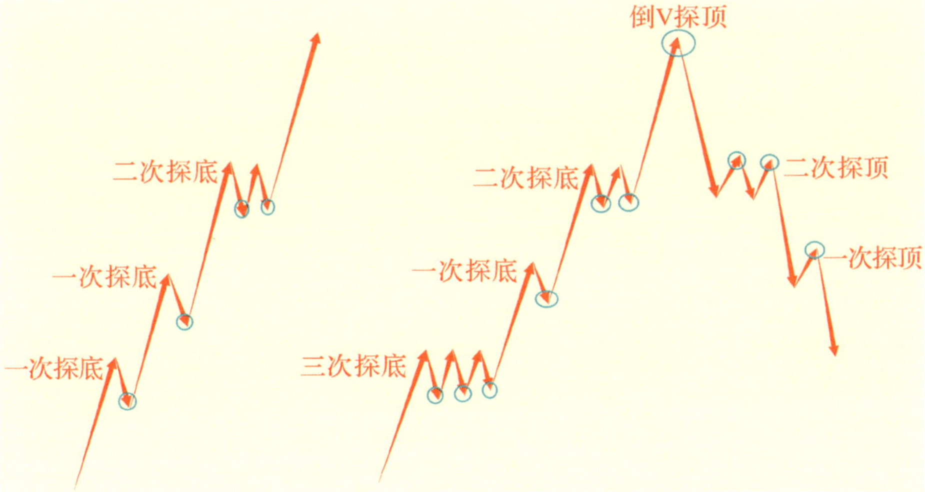

图42

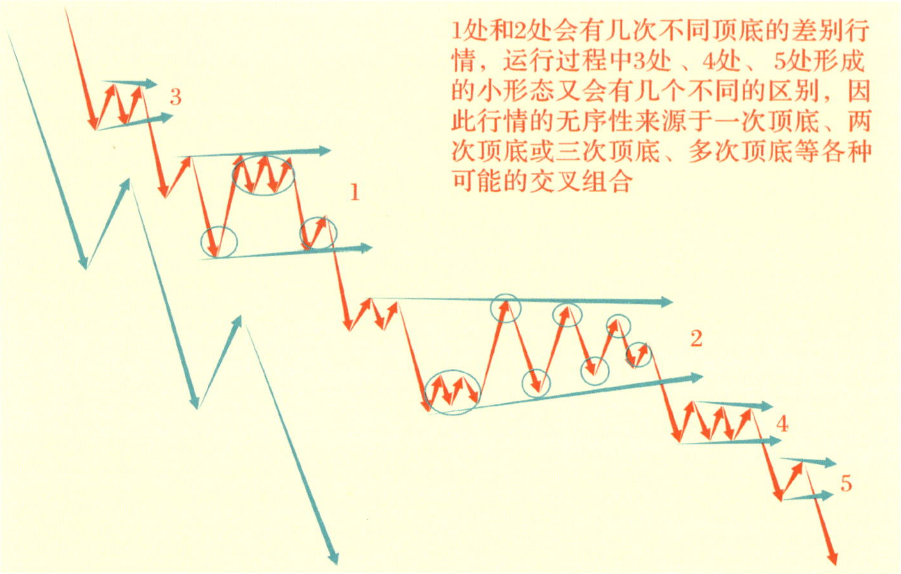
1处和2处会有几次不同顶底的差别行情，运行过程中3处、4处、5处形成的小形态又会有几个不同的区别，因此行情的无序性来源于一次顶底、两次顶底或三次顶底、多次顶底等各种可能的交叉组合
3
1
2
4
5

图43

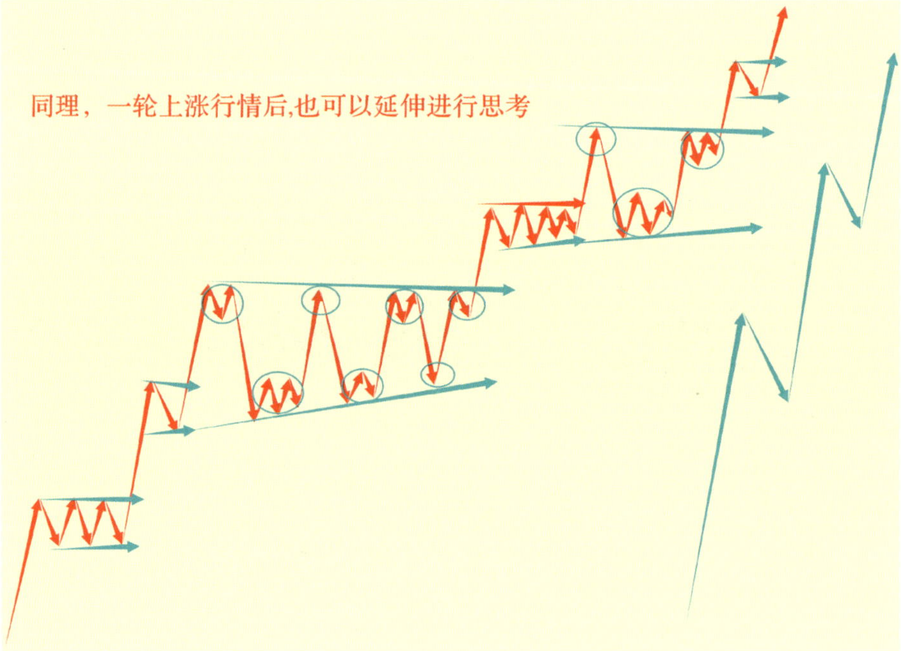
同理，一轮上涨行情后,也可以延伸进行思考

图44

Section 7

第七节 如何理解下轨的下轨及上轨的上轨

【图形说明】

如图45所示，一轮行情下跌后，开始形成区间震荡修整形态，那么在大形态大区间下轨处所形成的小形态的下轨处，也就是画线位置1处、2处就命名为下轨的下轨。

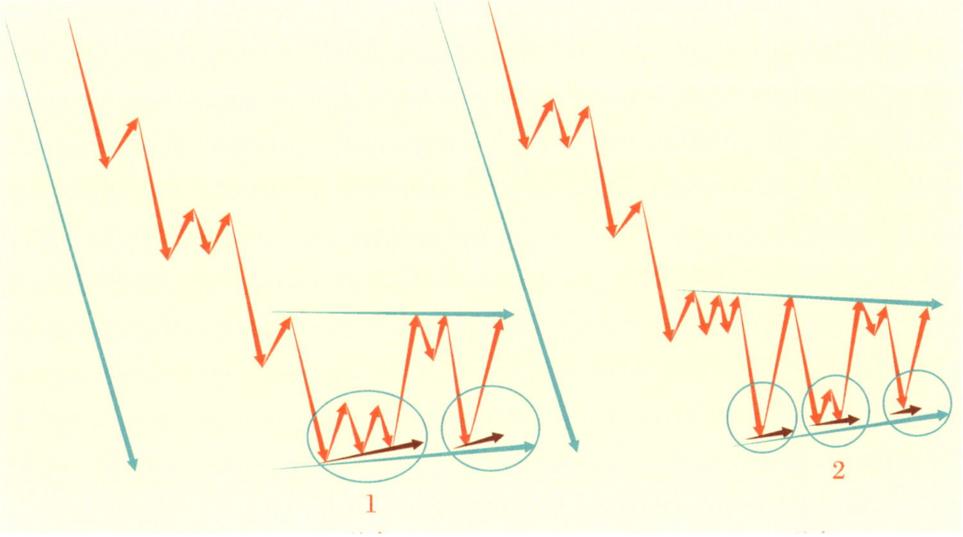

图45

【图形说明】

如图46所示，一轮行情上涨后，开始形成区间震荡修整形态，那么在大形态大区间上轨处所形成的小形态的上轨处，也就是画线位置1处、2处就命名为上轨的上轨。

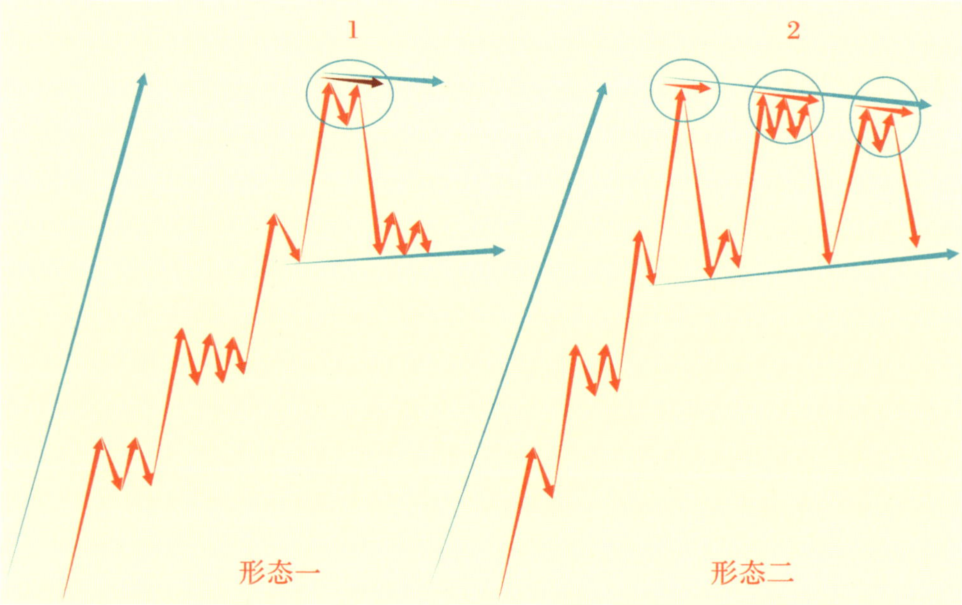

图46

Section 8

第八节

如何理解高空低多及高空低多失效

【图形说明】

在震荡休整形态内上轨做空下轨做多，就是我们经常说的“高空低多”。

但如图47形态一，在大形态或小形态相对下轨处，也就是蓝色或深红色圆圈位置做多单（蓝色圆圈处和深红色圆圈处分别为大形态和小形态的低多失效），但行情向下变盘了，最后低多没做成，单子被扫损了，也就是低多失效了。

同理，如图47形态二在形态上轨处蓝色或深红色圆圈位置做空单（蓝色圆圈处和深红色圆圈处分别为大形态和小形态的高空失效），但行情向上变盘了，最后高空没做成，单子被扫损了，也就是高空失效了。

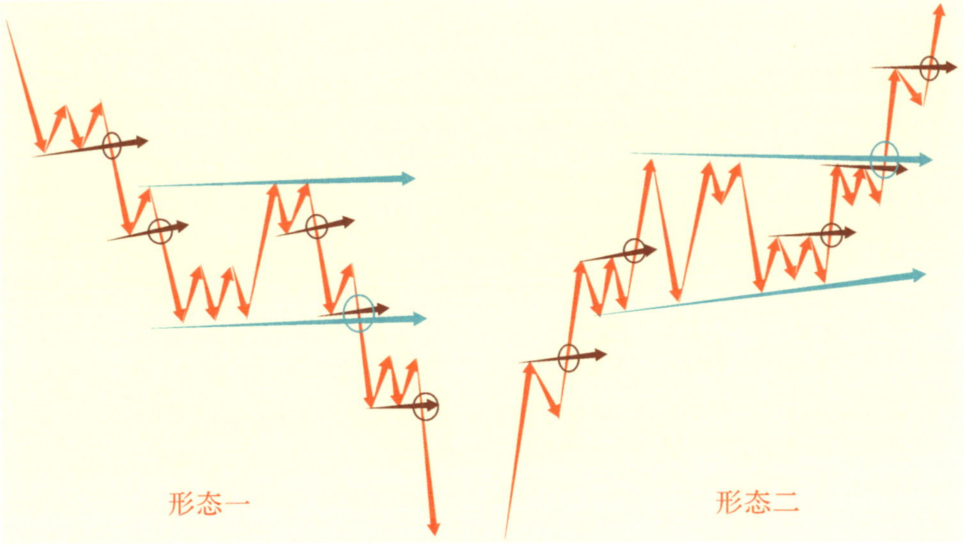

图47

Section 9

第九节 如何理解绝对损与移动损

【图形说明】

如图48所示，在形态一和形态二上轨的1、2、5、6蓝色圆圈处做空，那么前方深红色圆圈处的位置就是绝对损的位置，也是设损的位置所在。绝对就是非常的意思，也就是说，在这个位置处做空单是在上轨的上轨做空，是风险最小的位置，一旦高空失效，向上变盘被扫损，损失是最小的，同时在1、2、5、6圆圈处内进空单，也是属于做高空低多区间震荡行情，接下来行情转头向下运行，预期最强，并且是最容易一买即赚的位置。也就是说，只

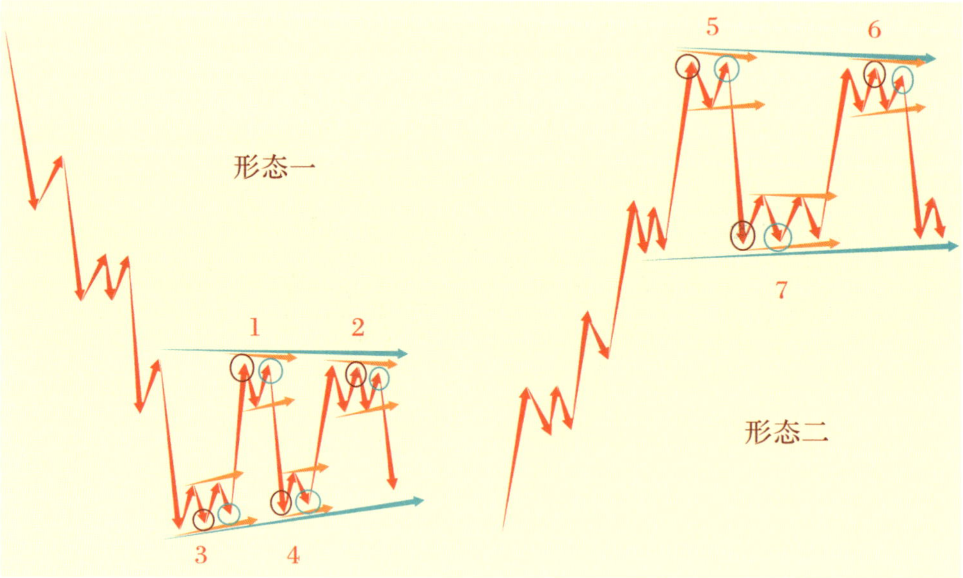

图48

要进单绝对损位置精准，既能损失最小也能获得最多利润。

同理，下轨处3、4、7深红色圆圈处为绝对损设损位置，蓝色圆圈位置处为做多位置。

再讲一个知识点，涉及是以本身位置处小形态下轨为止损位的问题，还是以前方大低点为止损位的问题（例如，4处蓝色圆圈内做多，是以4处深红色圆圈处为止损位还是以3处深红色圆圈处为止损位）。那么判断依据就是观察现在做单的位置，离前方大低点的距离空间是大还是小，并且现在这个小形态是否规则，是一次小底还是多次小底。如果离前方大低点空间较大，并且此位置还是一次小底，那么干脆不做。如果是多次小底，那么就设置在本身小形态的下轨处。如果离前方大低点空间较小，并且此位置是一次小底时，就可以轻仓设损前大低点。如果是多次小底，那么可以在此小形态的小下轨处或是前大低点位处设止损位。

止盈位置的分批性，离不开移动损的保驾护航。移动损分为两个方面：一是有微薄盈利后的保本损，二是有了较大盈利空间后的移动止盈损。前者遵循了以保护本金为第一原则，但有些意识方面，希望大家能够理解。首先，每次入单后，初始设置的止损是很客观的，是依据的技术分析。不过当有些许盈利后就移损至成本位，这种做法就带有主观色彩，毕竟没有依据技术分析，只是依据心理影响。也就是保本损位置的设定不是依据技术分析，只是对内心的一个安慰。其次，尽快移至成本位并不是指刚有了几点的利润就移损了，否则大都是会被来回扫掉。还有，虽然移损至成本位很主观，但下单初始时正常设置的止损是很客观的，如果担心行情上下的波动导致保本损被扫，随后行情又继续按预期行驶，从而不会再有较好买点的话，那么也可以放置正常止损不动，不用再去设置保本损位，等到有了较大盈利后，再去考虑设置移动损的问题。至于有较大盈利空间后，可以通过重要的支撑阻力位来分析移动止盈损的设置位置。

Section 10

第十节

如何理解区间中轴

【图形说明】

如图49所示，中轴的含义很好理解，就是各个大小形态的区间中部。还有一点，我们将来会以操作形态为主，那么形态的规则与否就显得尤其重要。形态越规则，中轴显现得越明朗。

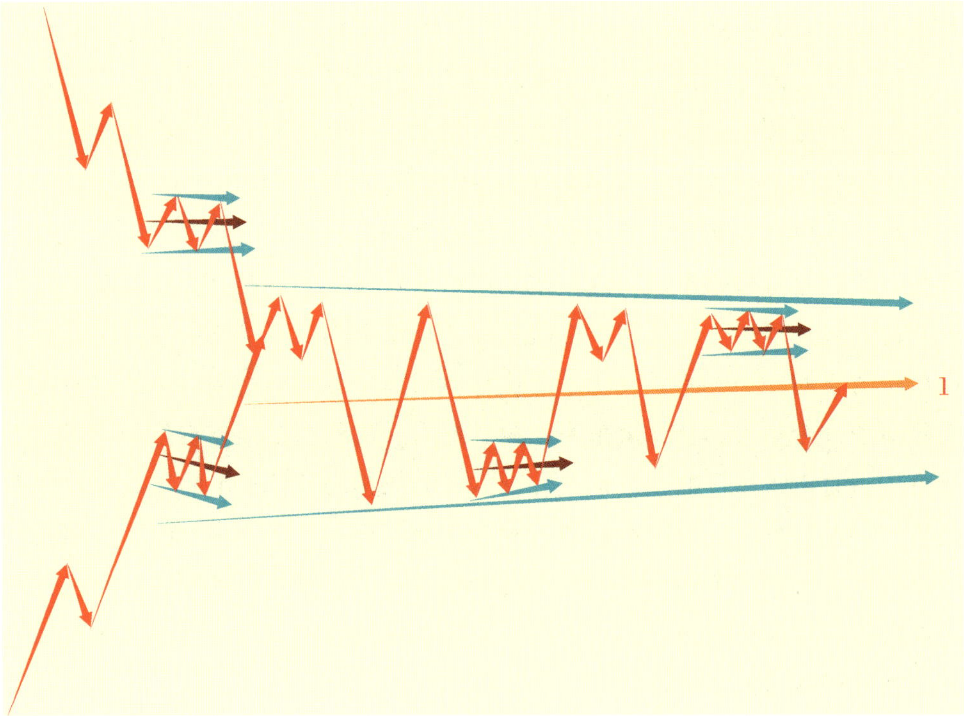

图49

Section 11

第十一节
如何理解诱多诱空

【图形说明】

如图50中各个数字处，突破形态上轨后瞬间收回或者跌破形态下轨后瞬间收回，此为诱多诱空形态。此种行情在大小形态中都会出现。

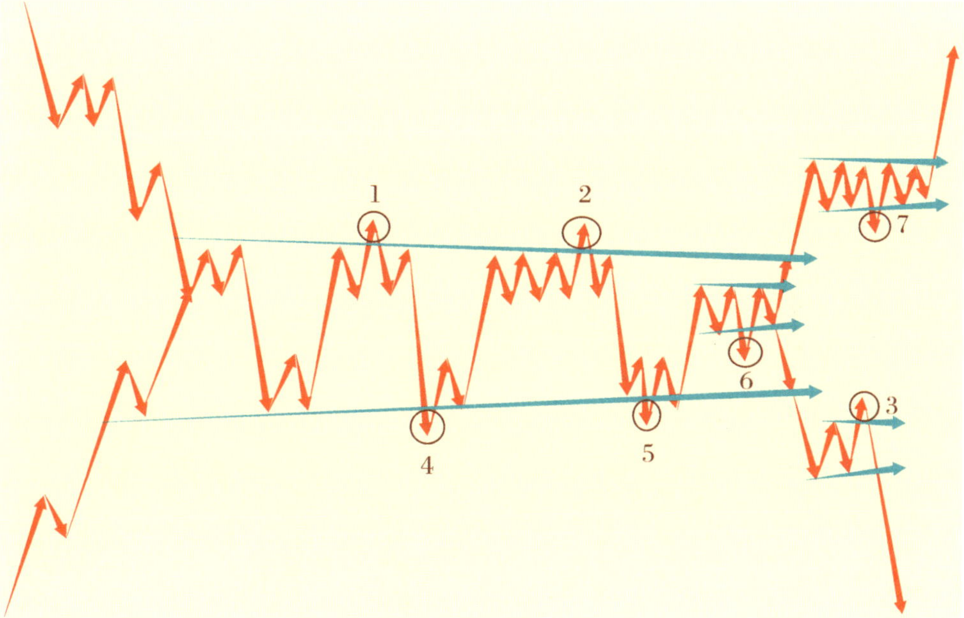

图50

Section 12

第十二节 如何理解预期变盘方向

【图形说明】

如图51所示，为了遵循区间形态内的高空低多做单原则，行情在形态一内的上轨处，选择深红色圆圈1处做空，随后形态一向下变盘。到达深红色圆圈2处，预期行情继续顺势向下运行的可能性较大，所以在形态二的区间中，选择上轨做空而不是下轨做多。圆圈5处为二次探底，为了遵循区间内的低多原则，会选择预期下轨做多。而圆圈4处、6处选择形态内的高空原

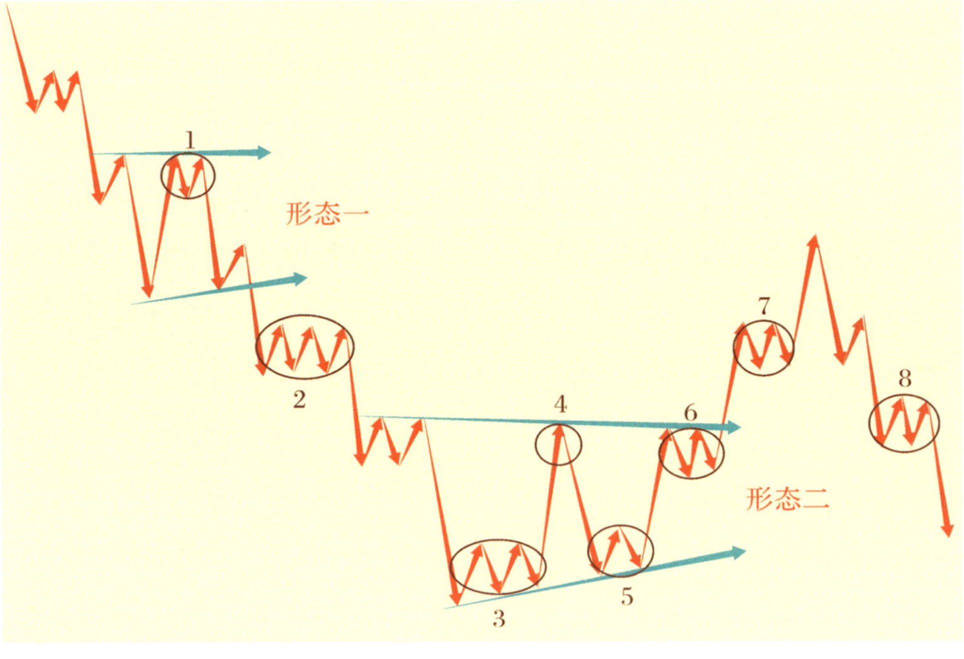

图51

则。随后形态二向上突破上轨变盘后，行情不太可能立刻释放完，预期小形态7继续向上变盘的可能性较大，所以选择形态7的下轨做多。至于形态3，为第一个首次转头，行情的预期变盘方向不好判断，同样，形态8也是属于没有预期方向可供判断的位置（跌至前方形态二上轨左右，是受反支撑向上还是继续向下都有可能），所以可以极轻仓设损做或者不做。

【图形说明】

图52为一轮下跌后的震荡休整形态和一轮上涨后的震荡休整形态。

形态一和形态二区间内1处、2处、3处、4处、5处、6处、7处，全处于行情的区间中轴左右的位置，这样的阶段位置，行情的预期变盘方向是不强的，所以可极轻仓设损做或者不做。

懂得预期变盘方向的意义在于，尽量沿着形态预期变盘的方向做单，会大概率避免高空低多失效被扫损，并且能使单子零风险持长。

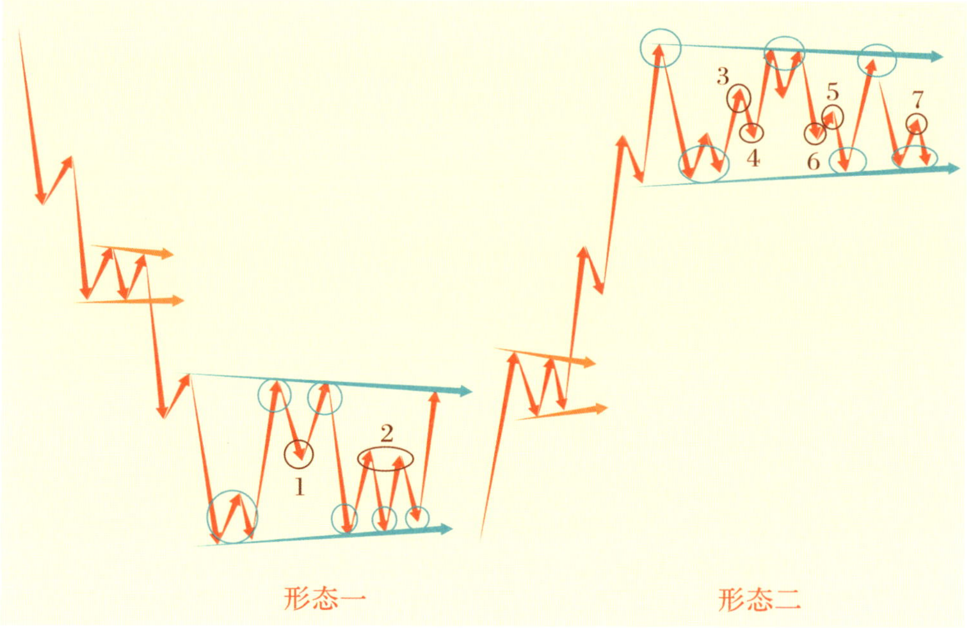

图52

第三章
中期掌握主要交易形态

导读

市场上流行一句话——形态大于组合大于K线大于指标。意思就是说，形态是最重要的，是稳定性最高的。因为任何指标相对于K线来说都有滞后性，不否认很多交易者能用指标做好交易，但同时我也能负责任地说，能做裸K的，是高手中的高手。在本书中，做的是形态，也就是俗称的裸K。意思就是只要看背离需要异同移动平均线MACD指标，不需要观察任何技术指标。接下来我们讲的第三章，就是在实盘中经常会遇到的交易形态。其实第二章的基础也是为本章节的形态学习做准备，可以简单理解为，第二章节为每个汉字的单个部首，本章节开始真正学习每个汉字。

Section 1

第一节 掌握箱体形态的形成及综合运用

【图形说明】

箱体，顾名思义，简单的理解就是长方形，在上轨或者下轨处的位置，也许出现一个顶底，也许出现两个顶底或三个顶底，随后震荡末期，突破上轨或下轨，向上或向下变盘，如图53、图54所示。

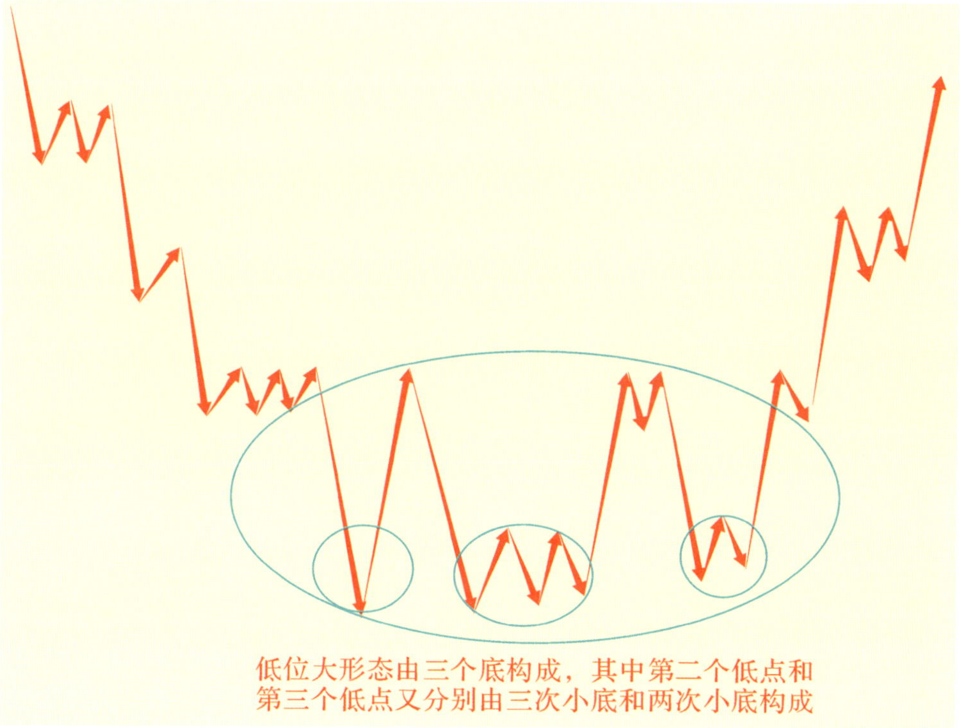

图53

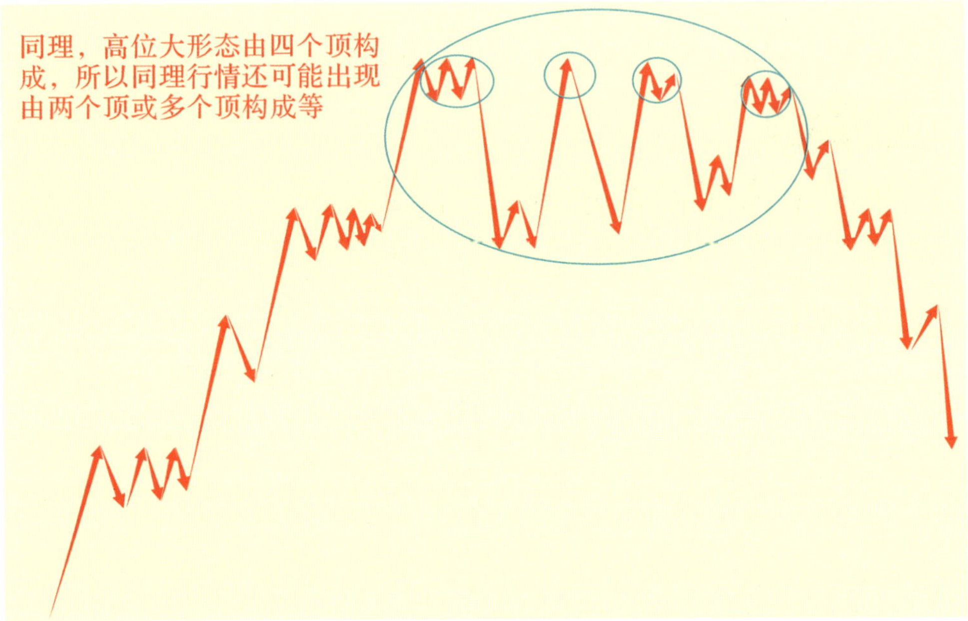

图54

Section 2

第二节 掌握上升通道及下降通道的要点

【图形说明】

如图55所示，上升通道、下降通道其实就是高点、低点逐渐抬高的长方形（形态一和形态三）和高点、低点逐渐降低的长方形（形态二和形态四），和正常的箱体形态意义一样。同样面临着几次顶底和修整末期，整个形态面临着变盘释放。只不过形态二面临着向下变盘跌破的可能性最大，形态三面临着向上变盘突破的可能性最大，箱体内同样是采用高空低多的做单策略。

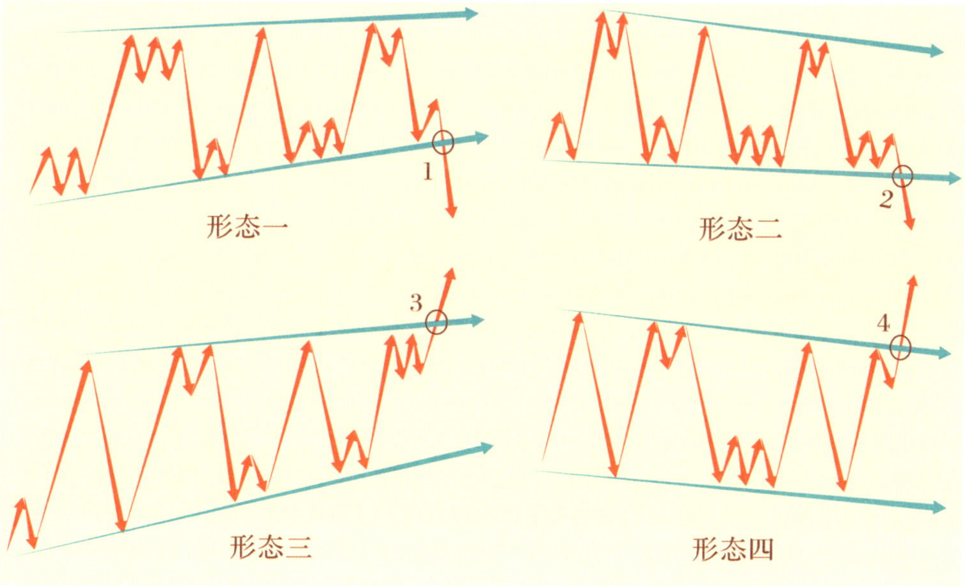

图55

Section 3

第三节
掌握三角形态的形成及综合运用

【图形说明】

如图56位置3处、4处就是三角形震荡休整末期振幅收窄，一旦变盘力度也很强，注意三角形变盘后容易出现诱多、诱空行情。

注意三角形在区间内的上轨附近诱多向上变盘，但未突破前高，随后再次回到下轨左右。同理，三角形在区间下轨附近诱空向下变盘，但未跌破前低，随后再次上涨到达上轨附近。

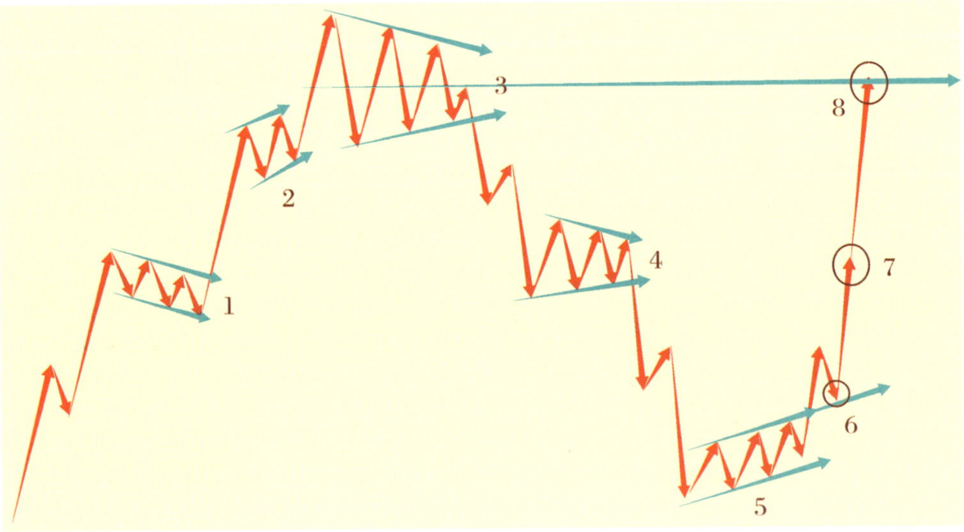

图56

Section 4

第四节 掌握上行以及下行三角形的要点

【图形说明】

如图57所示，所谓的上行及下行三角形其实就是高点、低点逐渐抬高的三角形和高点、低点逐渐降低的三角形，和正常的三角形态意义一样。同样面临着几次顶底和休整末期，整个形态面临着变盘释放。只不过形态二变盘处面临着向下变盘跌破的可能性最大，形态三变盘处面临着向上变盘突破的可能性最大。

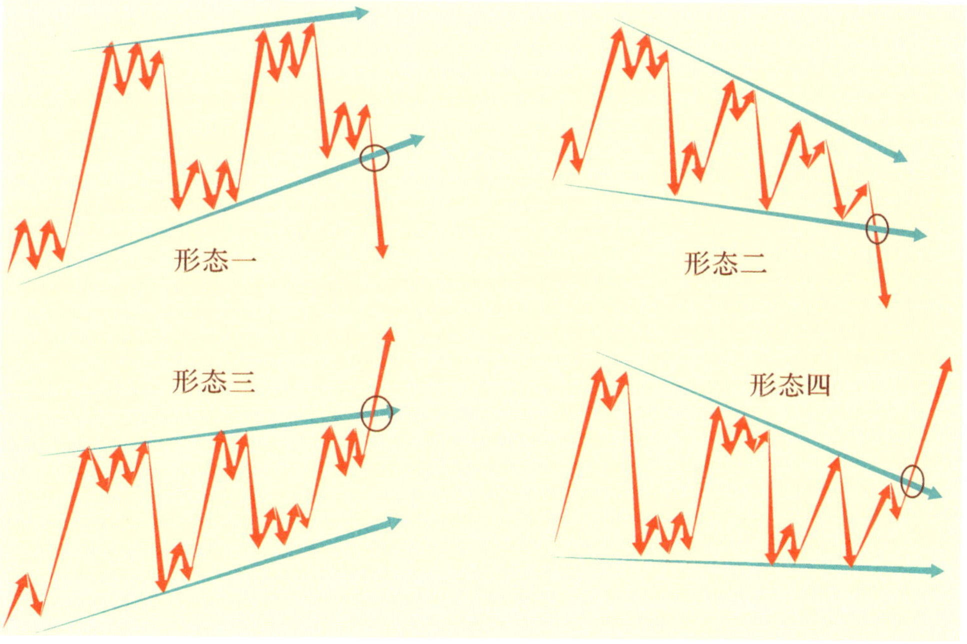

图57

Section 5

第五节 掌握头肩底/顶的形成及综合运用

【图形说明】

头肩底形态分为底部、左密集区、右密集区。当行情到达右密集区时，同样也是选择方向之处。如图58形态一所示，行情到达右密集区时，接下来是继续向上运行到达位置1处，还是重新跌至头肩底底部去进行下轨处的二次探底？无论如何，我们需要明白，如果在右密集区进行上轨的上轨绝对损位做空，可能被扫损，但同时损失也是最小的。止盈位就是位置2下轨处。如果到达位置2处，同时又是二次探底做多的绝对损位置。相反，在右密集

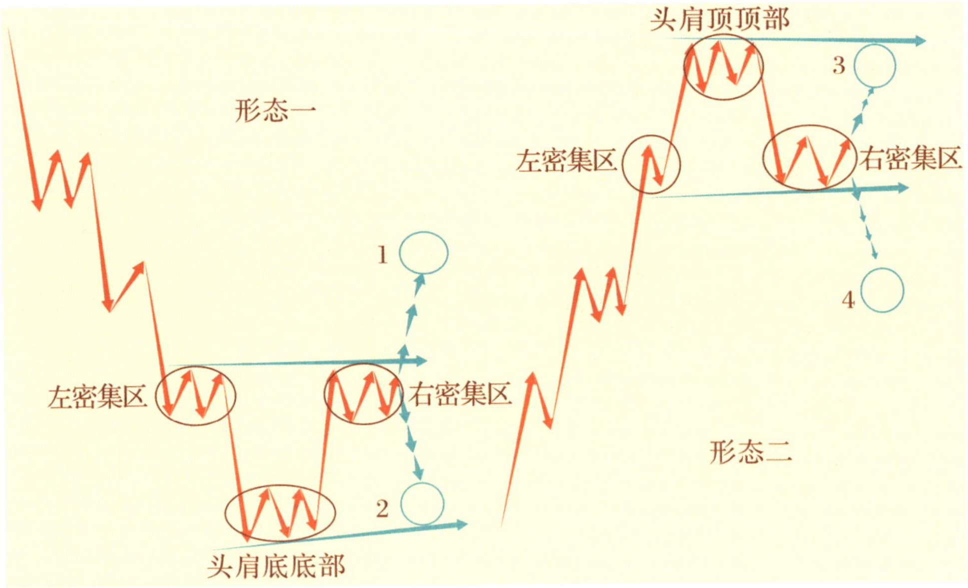

图58

区的小形态下轨处做多，有可能接下来行情上涨到达位置1处，但也可能跌破右密集区下轨行情再次到达位置2处，那么这个多单，就可能被扫损，所以这个右密集区位置其实也就是第二个首次转头的位置，接下来的运行方向是不确定的。关于头肩底和头肩顶，以上这点需要注意。

同理，头肩顶形态二，意义及分析原理，与头肩底相反。

Section 6

第六节 掌握交叉汇总后的行情综合运用

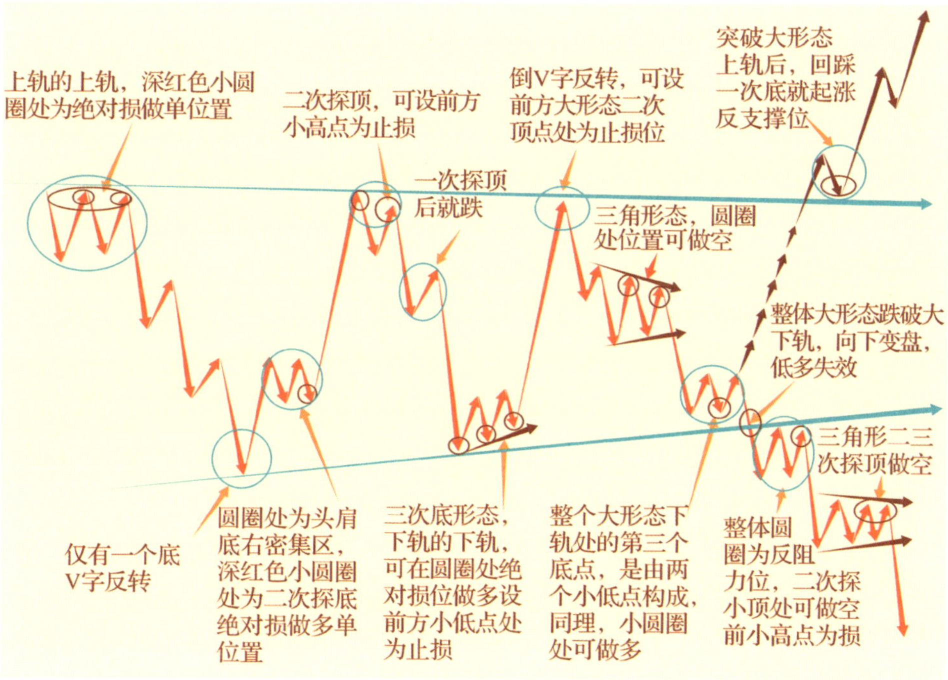

图59

第四章
后期熟练K线运行规律

导读

本章节已经到了学习操作系统的关键阶段。同时也是笔者多年来总结K线运行规律的核心内容。只要掌握了这些行情的运行规律，最后再反作用于市场去分析行情、预期行情进而领先于行情，就可以做到知己知彼，之后大概率百战不殆。

Section 1

第一节 关于震荡行情与单边行情的相互转换

【图形说明】

之前我们讲了K线形成原因及运行规律，这16个形态（图60~图71）全部可以为之概括，只要是有K线图的市场，所有的运行走势和运行规律几乎都是以其为根本，所以在此再次进行归纳总结，便于理解，希望大家把这些图形牢记在心中。

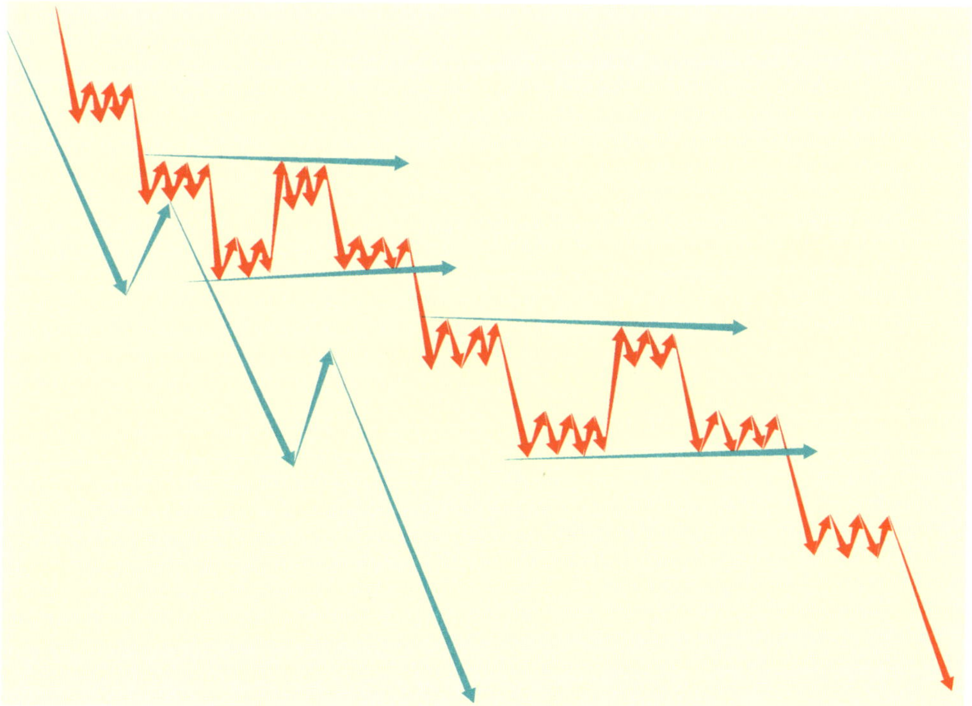

图60

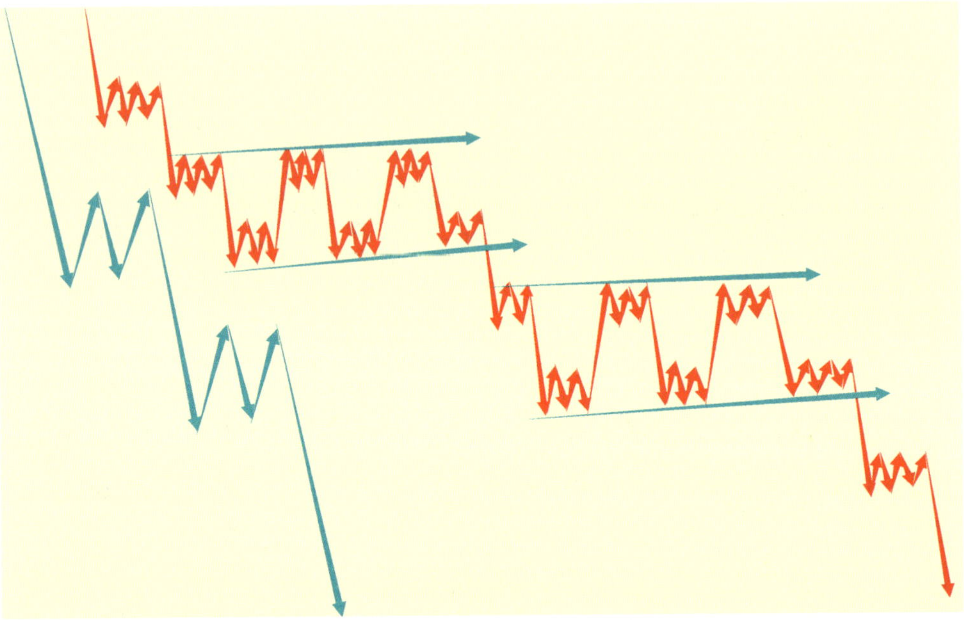

图61

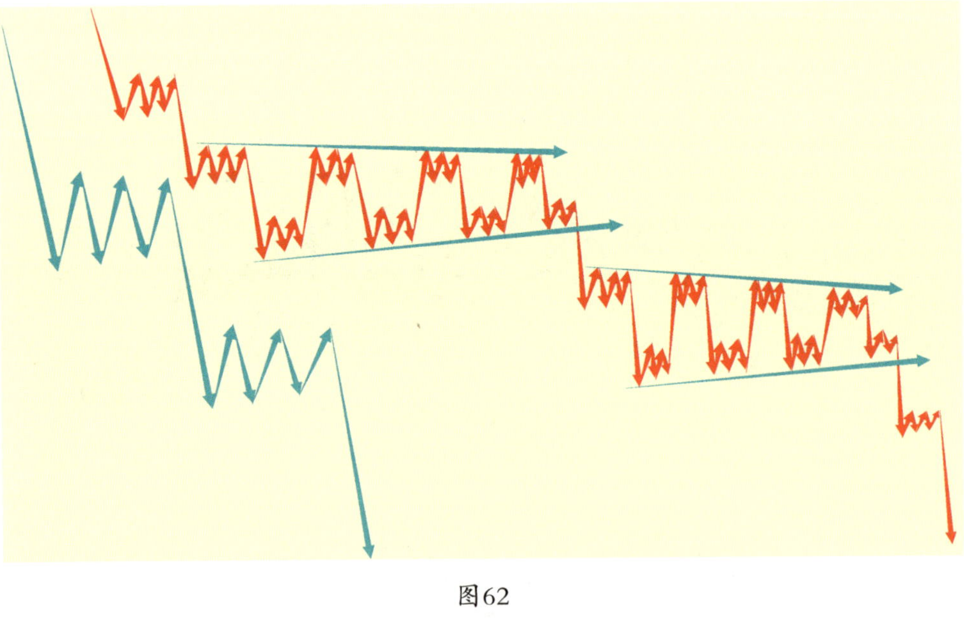

图62

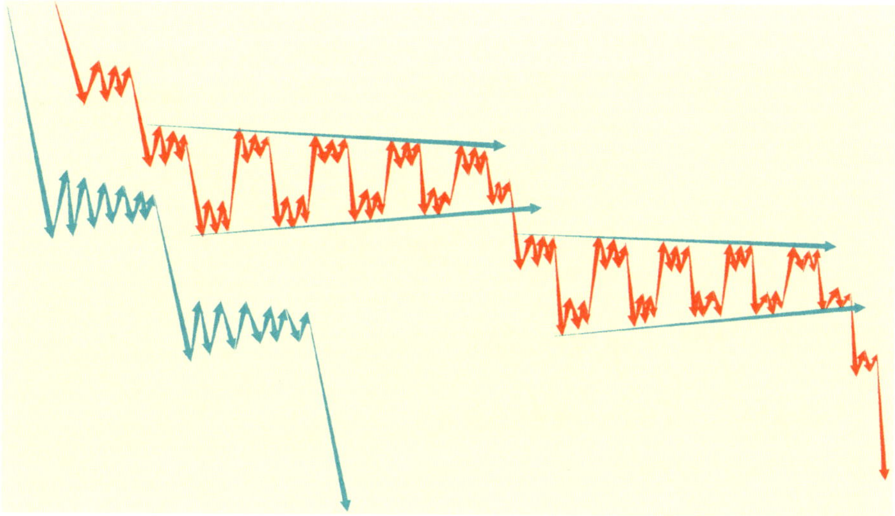

图63

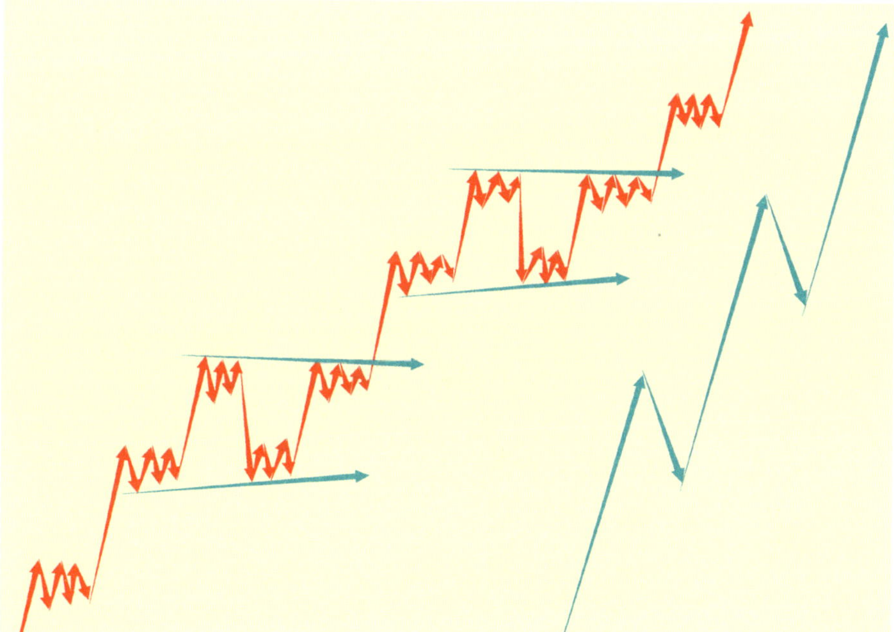

图64

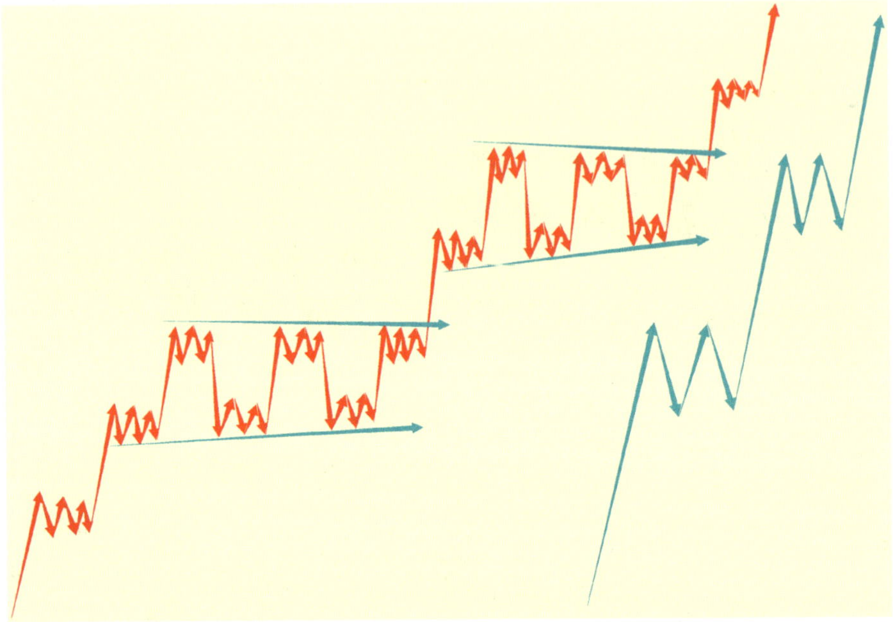

图65

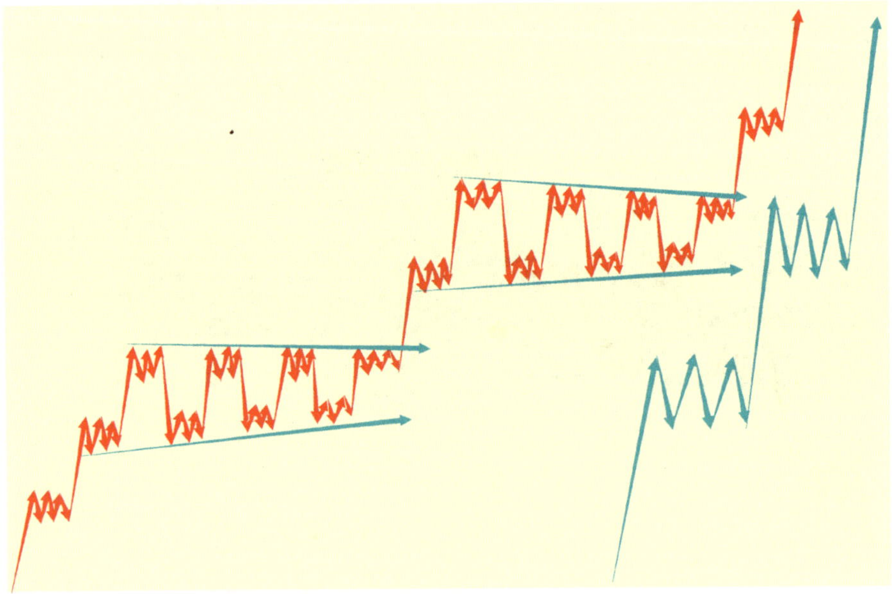

图66

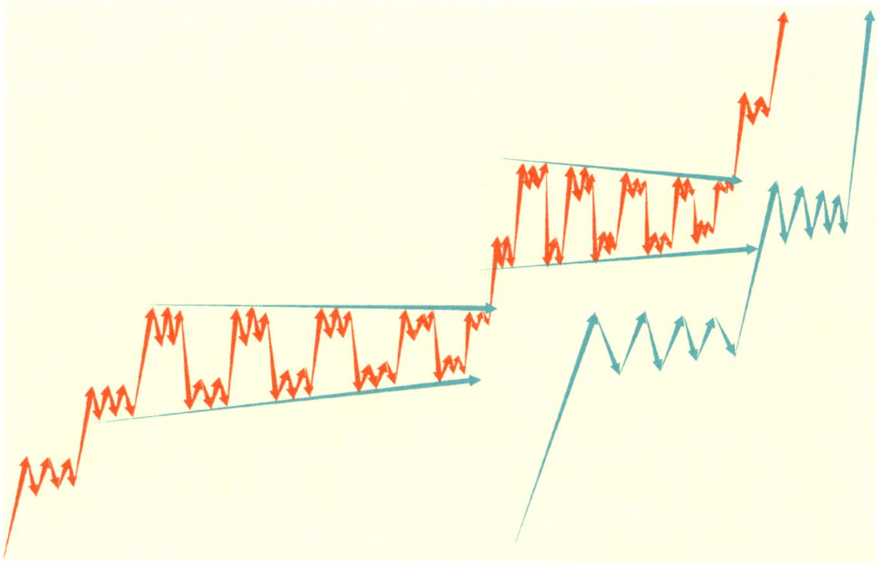

图67

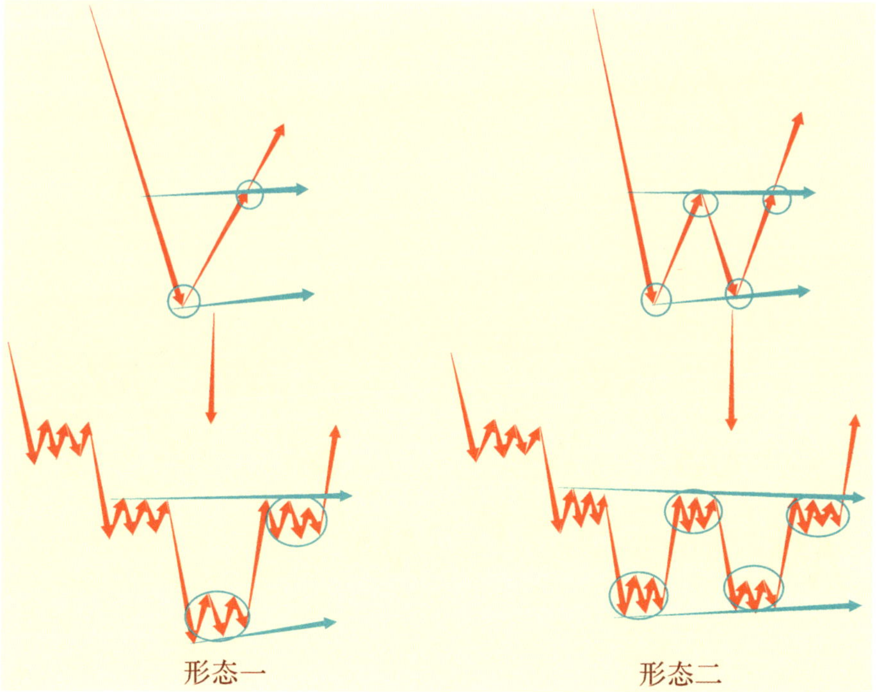

图68

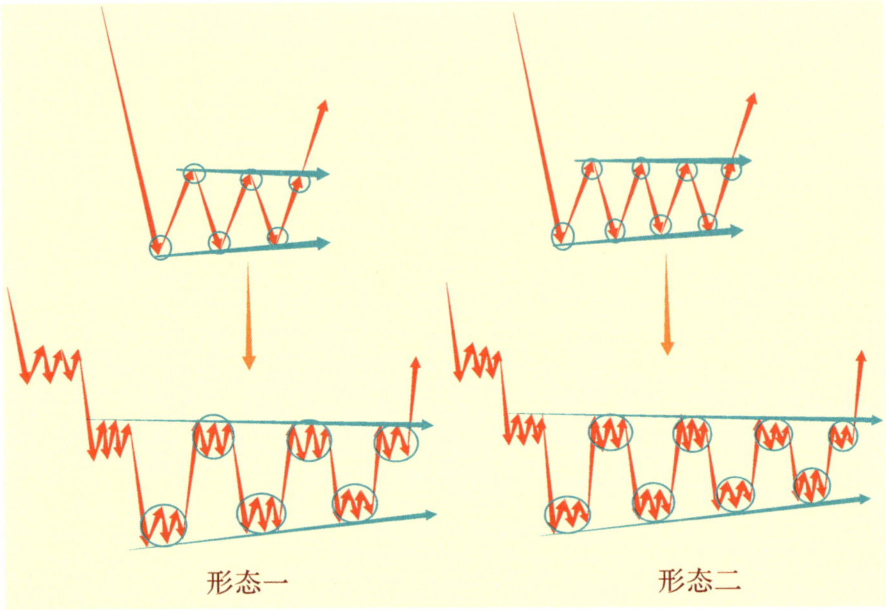

图69

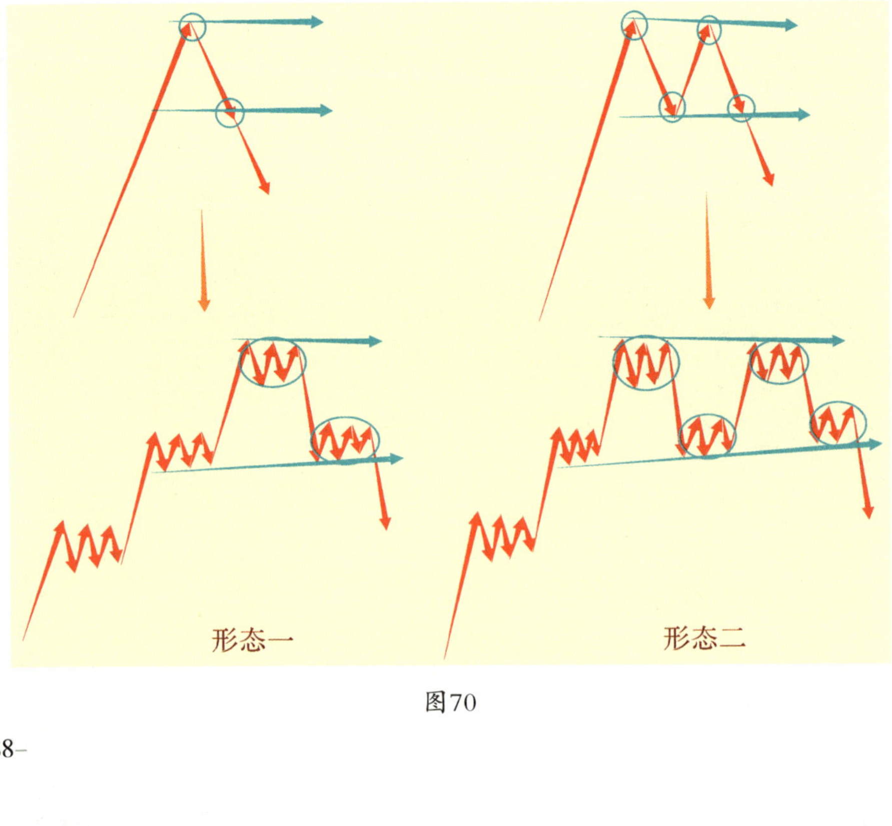

图70

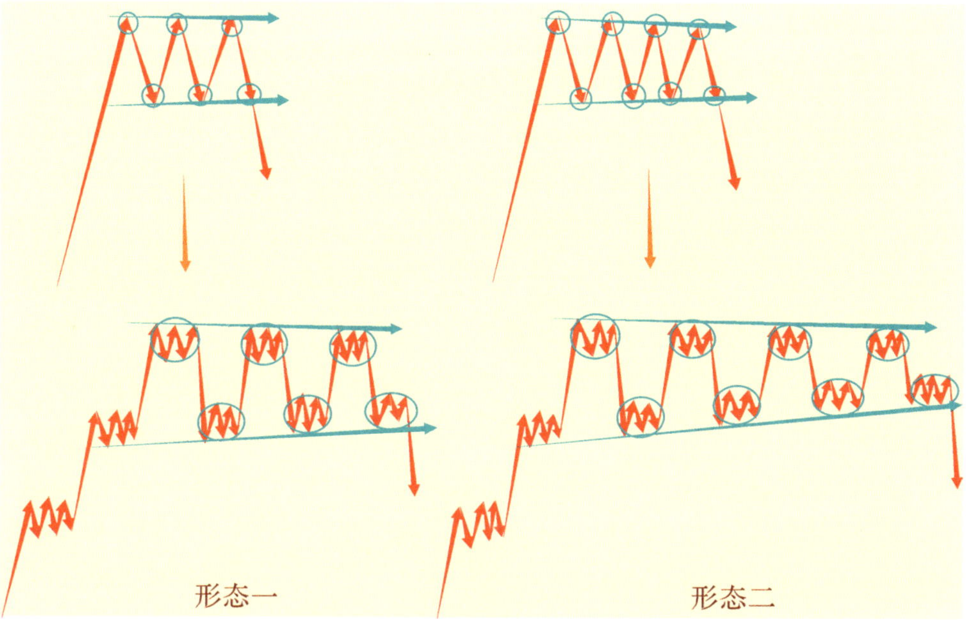

图71

【图形说明】

大家现在应该可以理解图60~图71中16个形态的本质是一样的，同时也明白了震荡行情与单边行情的不断相互转换关系。因为行情不可能一直在一个区间内震荡休整，迟早会选择方向，随后突破上轨或者跌破下轨变盘释放，构成单边行情，当单边行情运行至一定空间幅度后，又会进行震荡休整，周而复始。只不过相对各个周期来说，震荡休整和单边行情的级别有大有小，至于具体分析，后面会有详解。

这16个形态的不同，只不过是一轮上涨行情和一轮下跌行情的区别，几次顶底的区别，是继续运行还是转头的区别。

表达的意义就是一图通全部通。

那么我们可以先以图72形态一和形态二两个图形为例进行解释分析，这样可以更好地起到具体分析的效果。随后其他图形举一反三就很容易理解。

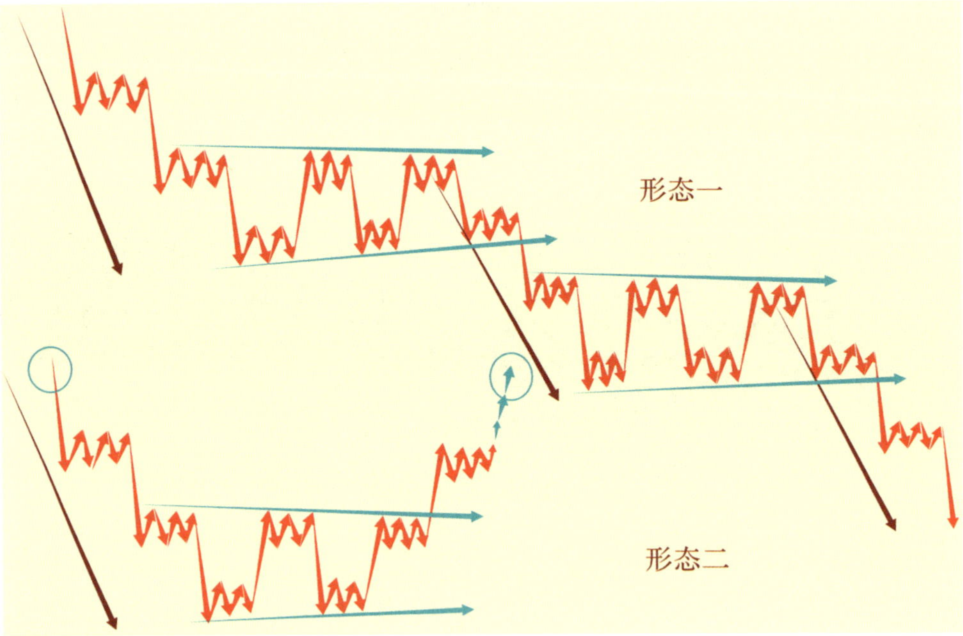

图72

Section 2

第二节
关于同级别震荡休整与同级别单边释放的具体分析

【图形说明】

接下来我们重点讲解震荡休整形态与单边释放。先从同级别同周期的转换开始。一轮多大级别的震荡休整形态就会引起一轮多大级别的单边释放行情。随后，当单边行情再次运行至一定空间幅度时，又会构成本周期级别的震荡休整形态。

我们通过图73可观察出，大一级别每浪的构成是由小一级别三小浪构

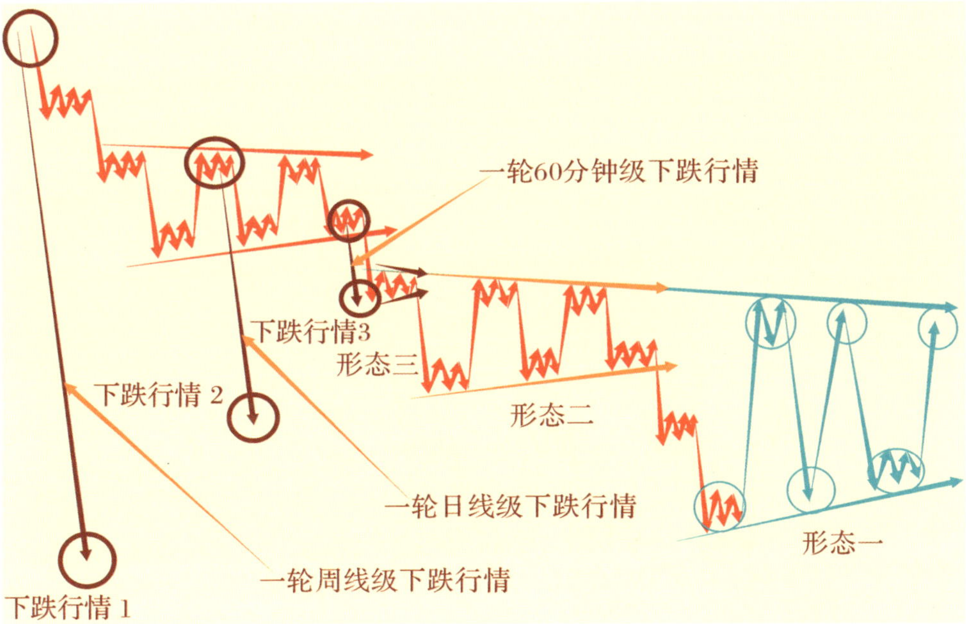

图73

成。举例来说，我们假设从上方圆圈处到达下方圆圈处为一轮周线级的单边行情，也就是下跌行情1，此轮行情由三大浪构成，也就是由三段数量相等的下跌行情2构成。同样，一轮日线级的下跌行情2，是由三段数量相等的下跌行情3构成。

随后，一轮周线级的下跌行情后，对应右方形态一（周线级的震荡休整形态）。一轮日线级的下跌行情后，对应形态二（日线级的震荡休整形态）。同理，一轮60分钟级的下跌行情后，对应形态三（60分钟级的震荡休整形态）。

【图形说明】

我们对图74进行分析，行情到达一次底位置后，接下来的运行方向只有两种，即单边和震荡，要么继续往单边顺势方向发展（也就是一次底处的形态继续向下变盘），要么转头向区间内发展（一次底处的形态向上变盘到达二次顶处）。如若走势选择后者，那么行情由下轨再到上轨以至于将来还可能再次由上轨到达下轨（二次底），就又构成了一个大的区间休整形态。那么图74的大形态，其实也是个周线级的震荡休整形态。

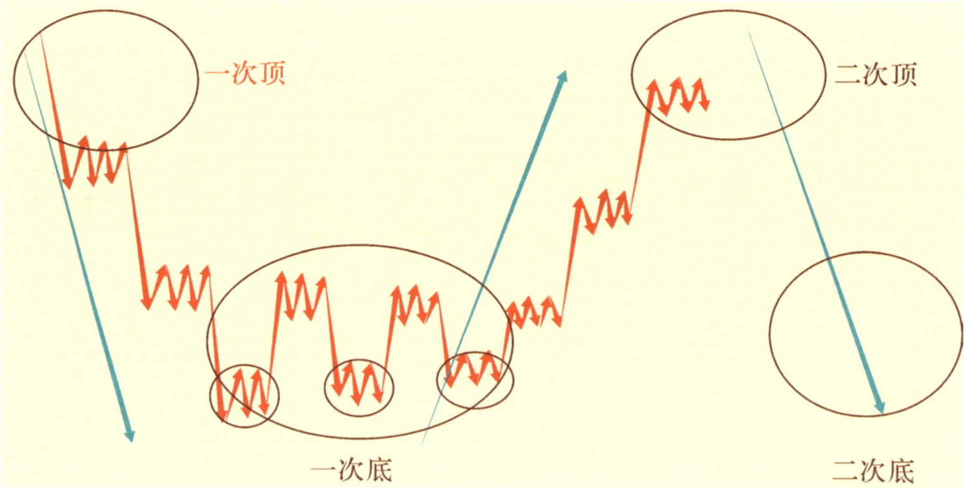

图74

也就是说，图74的整体大形态和图73形态一位置处的休整形态，是同一级别的。

随后上图的整体大区间形态，又会出现两次顶底或者三次顶底或者多次顶底再变盘的情况。

Section 3

第三节 关于各周期与各级别的对化分类

【图形说明】

图74说明了整体为一轮周线级的下跌单边行情，之后就会有一轮周线级的震荡休整形态，那么如图75所示，在周线级震荡休整形态区间内，由上轨

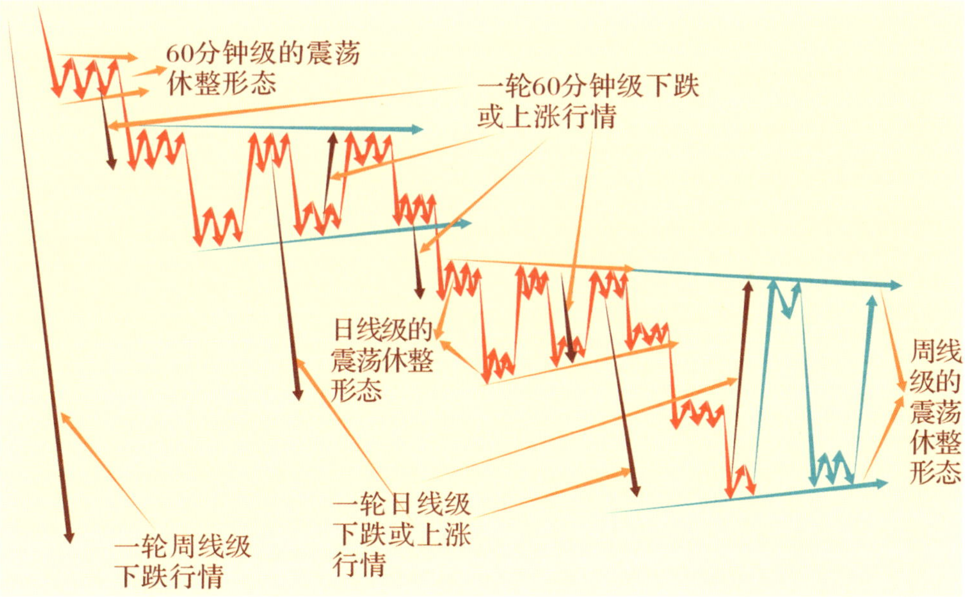

图75

到下轨或由下轨到上轨的一段段区间行情，其实就是一轮日线级下跌或上涨行情。

那么一轮日线级行情后，也就会有图75中黄色震荡区间内的日线级震荡休整形态，那么在日线级震荡休整形态区间内，由上轨到下轨或者由下轨到上轨的一段段区间行情，其实就是一轮60分钟级下跌或上涨行情。

同理，一轮60分钟级下跌行情后，也就会有图75中最上方黄色小震荡区间内的60分钟级震荡休整形态，那么在60分钟级震荡休整形态区间内，由上轨到下轨或者由下轨到上轨的一段段区间行情，其实也就是一轮5分钟级的下跌或上涨行情。

理论上，不管多大级别的单边行情都会成为其相对大一级别周期形态的区间震荡行情。

【图形说明】

如图76所示，笔者强调一个概念，就是例如一轮周线级的下跌行情后会有周线级的震荡休整形态，那么这个形态就叫作周线级日线图形态，因为不管我们操作哪个周期的震荡形态，在实战中都是要在其相对小一级别的周期去细致观察和进单，这样才清晰（例如，虽然我们操作一轮周线级下跌行情后的周线级震荡形态，但为了更清楚、直观，实际上是用日线图去观察、去分析去操作这个形态）。例如在行情分析软件中会有月线图、周线图、日线图、60分钟图、5分钟图、1分钟图，那么我们可以这样进行分别，月线图对应周线图、周线图对应日线图、日线图对应60分钟图、60分钟图对应5分钟图、5分钟图对应1分钟图。我们可以将大级别周期图作为趋势判断的背景，来寻找小级别图形的买卖点。并且如此进行分类以后对K线的理解会更加明朗。同理，日线级60分钟图形态、60分钟级5分钟图形态等，如果日线级别的图形是多头走势，那么可以在60分钟图上寻找开多单的机会，60分钟级5分钟图同理。现在大家对这个概念也许不理解，但是我们为了使将来的理解更加清晰化，一定要这样子去记住，以后自然而然就会理解到位。就像之前所讲，要想读好一本书，只想由薄到薄，是不可能的，中途肯定要经过厚的阶段。融会贯通是后期的能力，前期务必要打好各方面的基础。

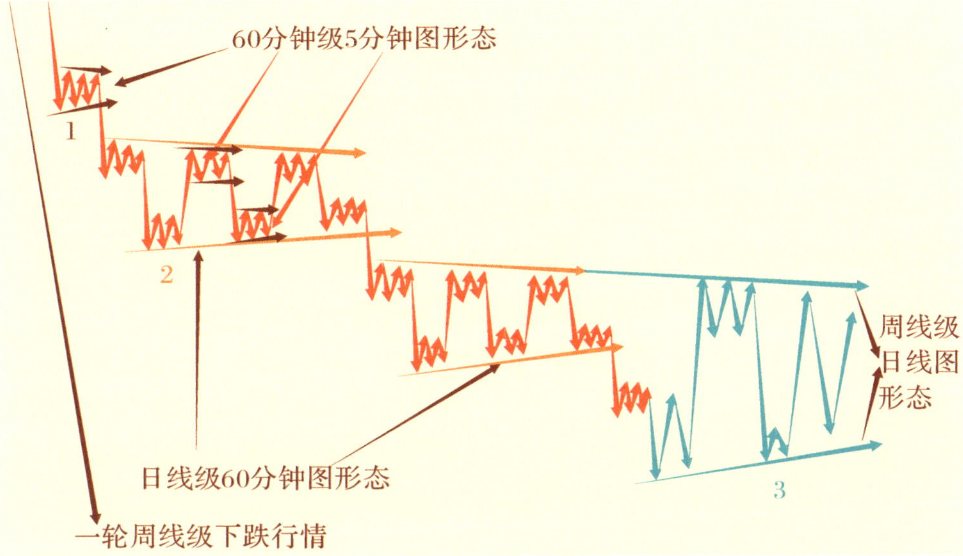

图76

明白了以上的内容，再提及一个重要知识点，就是不管操作什么级别的行情，尤其是到达重要的进单位置，都有两件重要的事情要做。

第一是要去相对小一级别周期中去找精准的买点，例如第二章所讲上轨的上轨及下轨的下轨，意思就是说到了相对大形态的上轨处或者下轨处时，还要去所处这个位置的相对小周期上下轨处去找更精准、更细致的进单位置。

第二是之前的章节讲解了关于预期变盘方向的知识点，其实我们操作任何周期的一个形态，都是放到相对其大一级别周期中，根据其所处大周期的相对位置，去预期它的变盘方向。例如现在的行情或者这个形态是所处大周期大形态的上轨、下轨、中轴左右，还是所处大形态变盘释放后单边行情的初期、中期、末期等。

但我们可以换个由大到小的思维，那就是从周线图、日线图、60分钟图等依次去观察。例如可以先去看有没有周线级日线图形态的交易机会。所谓周线级日线图形态的交易机会，就是行情现在有没有所处周线级大形态的上轨或者下轨处或者大形态变盘单边释放过程中。如果没有，再去周线级日线图形态区间内去寻找有没有日线级60分钟图的规则形态等（关于这段内容的含义，后续会有更深刻的解析）。

明白了以上两点，就能相对确保现在做的这个行情，进单的这个位置，一是价格相对精准（不仅关系到进单位置是否为绝对损位，一旦产生亏损，是不是损失最小；还关系到，进单位置是否行情预期最强，能大概率一买即赚）。二是是否顺势（是否遵循了区间形态内上轨处做空，下轨处做多。是否做单方向与预期变盘方向尽量相同，例如是否应该高空而不是低多。因为低多就意味着大概率低多失效，从而容易被扫损。现在的行情是否所处相对大一级别周期形态的变盘释放过程中。明明大形态现在向下变盘释放了，预示着趋势是空，是不是就要明白，要尽量趁反弹去做空而不是死扛多单，等）。所以，这也是之前一直提及的，要先从大周期到小周期观察、分析的意义所在。

其实到最后技术运用到融会贯通时，就会明白，只要能确保看盘分析操作，是由相对大周期到相对小周期依次去进行的，以上的问题都会迎刃而解。因为当你看到现在的行情在月线、周线、日线什么位置，再去做60分钟图时，接下来的方向走势，就会“一览众山小”。其实就是通过K线的运行规律，先去预期大周期的走势，随后大周期是做区间行情也好，做单边释放行情也好，根据其不同的阶段位置，就引领了相对小周期趋势走势。

【图形说明】

再理解一个知识点。如图77所示，位置1、位置2、位置3是属于60分钟级5分钟图形态，位置4是属于日线级60分钟图形态，那么大家可以联想下，位置5、位置6、位置7、位置8是什么级别的形态。

其实理论上它们的级别都是一样的，都是属于日线级60分钟图形态。

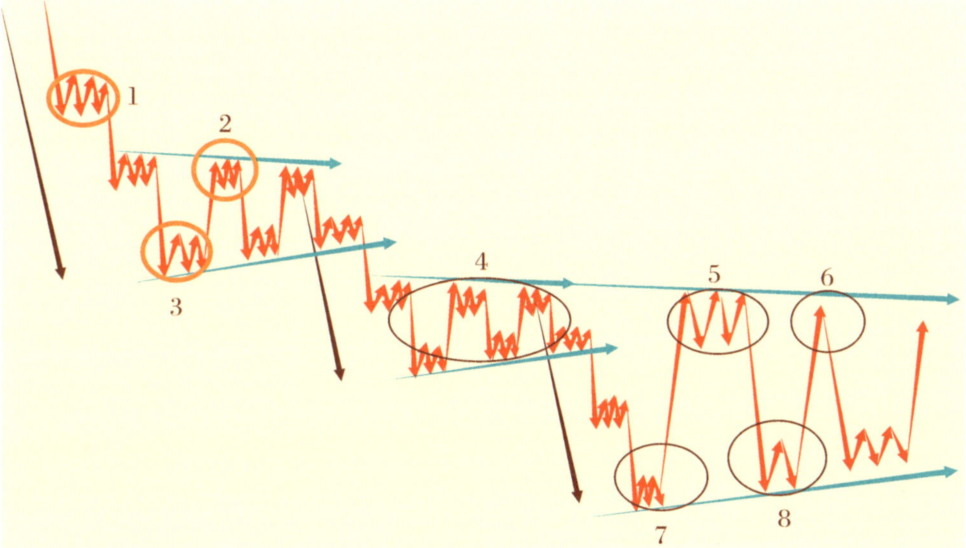

图77

【图形说明】

如图78所示，刚才所说位置1和位置2是日线级60分钟图震荡修整形态，那么大家思考位置3、位置4、位置5、位置6、位置7、位置8是什么级别的形态。其实理论上它们的级别也是一样的，只不过画面上显示的位置1和位置2，有可能是不同情况的几次顶底，同样，位置3、位置4、位置5、位置6、位置7、位置8有的是三次探顶，有的是有两次探底，有的是尖顶底（也就是V字和倒V字）。所以形态没有那么规则的，现实行情中都是各种情况的相互交叉组合。

还记得16个形态吗？在实盘中，无论是几次探底或几次探顶都有可能出现。无论是在震荡形态的上轨或下轨处，或是所处在形态变盘后的单边行情中的形态，都是如此，它们都是最后综合掺杂在一起的。例如，在单边释放过程中有可能反弹一次就跌下去了，有可能构成两个顶点或三个顶点才跌下去。

因为我们现在是在举例，明白了道理，随后才能举一反三，才能以不变应万变，所以思维不要被禁锢。

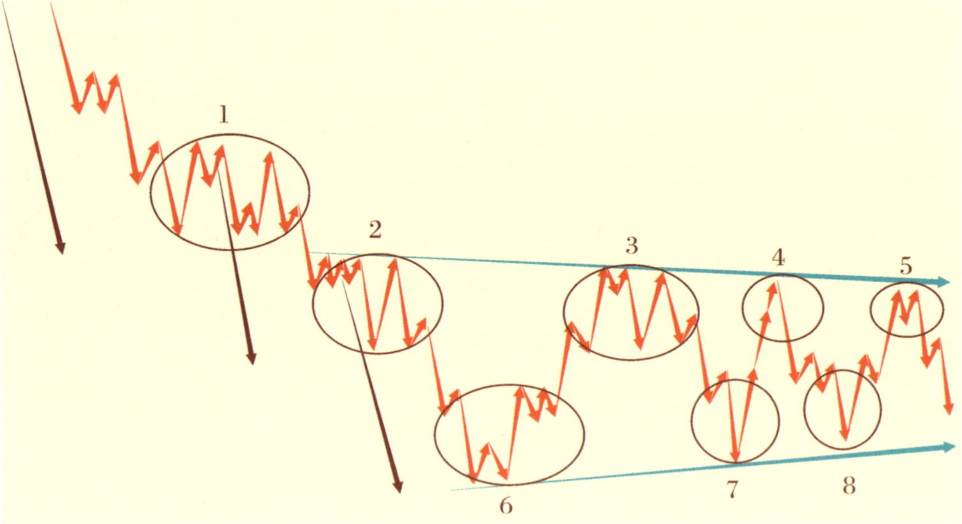

图78

Section 4

第四节 关于追涨杀跌的具体解析

【图形说明】

追涨杀跌一定错误吗？答案是否定的。追涨杀跌通俗讲就是看见涨了就赶紧买涨，看见跌了就赶紧卖出或做空，很多交易者被套或者亏损就是因为分不清何时为震荡行情何时为单边行情。例如，如图79所示，如果在位置1、位置2、位置3、位置4内本该高空低多（上轨绝对损位做空，下轨绝对损位做多），但却追涨杀跌，并且追的位置都是相对高位上轨处做多或者相对低位下轨处做空，那么肯定被套或亏损。万一形态的变盘方向还与做单方向

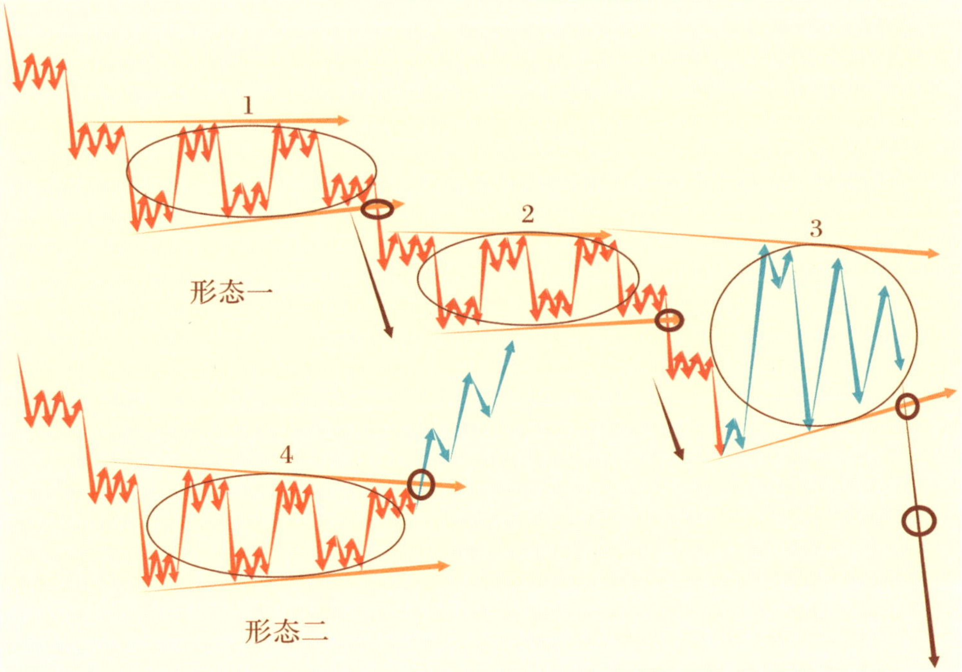

图79

相反，如果还不设损，就会被深套，一次也许就会亏损极大。

相反，在周线级或日线级等大形态变盘释放后，单边行情中找形态的绝对损位置轻仓设损，追进一些单子，却是说得过去的。因为那是一轮周日线级的震荡行情，变盘后就会有一轮周日线级行情的释放，空间幅度还很大，如果是在大形态的变盘释放初期中期（深红色小圆圈处），恰恰还就是应该去找位置追单，那么追涨杀跌，就是一种正确的做单方式。所以，如果我们懂得了之前所讲的K线运行规律，就能一通百通。

Section 5

第五节 关于顺势而为的具体含义

【图形说明】

顺势而为，市场上最老生常谈的一个词语，但绝大部分人不明白其中的内涵，有的交易者花了几年甚至十几年的时间，还是没有参透所谓的“势”到底是什么。

因为我们学习了之前章节所讲内容，所以只用一句话讲解其实就够了，所谓的顺势，就是顺相对大周期大形态变盘释放后的单边行情。例如，一轮周线级形态向下变盘释放，就会有一轮周线级的大单边下跌行情，那么此时做日线级或60分钟级的行情，不就该以做空为主吗？这就是所谓的顺大势。

所以，图80中这样的周线级日线图修整形态释放后，位置5、位置6、位置7处的小形态都要以顺势做空为主。并且做小形态时还要尽量上轨做空，而不是下轨做多，为什么？因为预期小形态向下变盘，只因为这将是一轮周线级的下跌单边行情，而它们，身在其中。

当然这些都是相对的，总不能说一轮周线级的下跌行情要时时刻刻在5

分钟图及1分钟图中也要以做空为主，所以前面已经分类了级别，各自对应各自的，不能越级而论，否则没有意义，简单地说，做周线图就不要过分关注60分钟图，做日线图就不要过分关注5分钟图及1分钟图等。

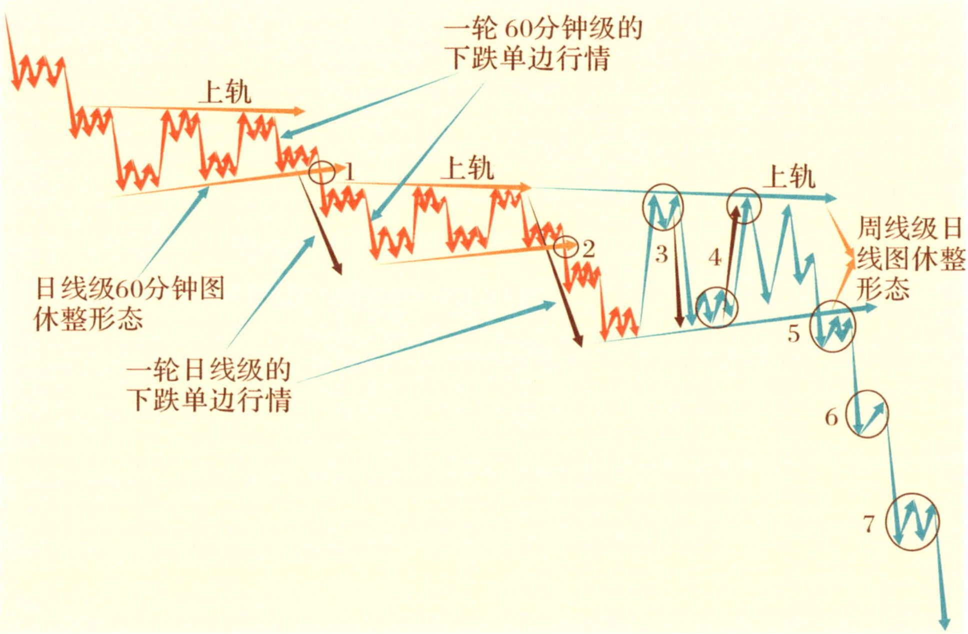

图80

【图形说明】

如图81所示，其实在一个有操作意义的较大区间内（位置1和位置2构成上轨，位置3、位置4和位置5构成下轨），由上轨处的小形态做空持有到下轨处也是顺势（如从圆圈1处持有到圆圈4处。因为位置6、位置7所处这轮区间内的下跌行情途中，本身这两个小形态预期变盘方向就向下，所以位置6、位置7处跌破下轨了，更可以轻仓设损追空。轻仓的目的是因为行情已经处于下跌末期，如果是刚从相对高位1处跌下来，那么仓位就可能正常）；同理，一个由下轨处的小形态做多持有到相对上轨处也是顺势（如从圆圈4处持有到圆圈2处。因为位置8所处这轮区间内的上涨行情途中，本身这个小形态预期变盘方向就向上，所以位置8处突破上轨了，更可以设损追多）。

当然，笔者认为最好的做单位置就是绝对损的位置，例如在位置1、位置2的上轨处（上轨的上轨）做空；在位置3、位置4、位置5的下轨处（下轨的下轨）做多。或者在位置6、位置7的上轨处绝对损位做空，位置8的下轨

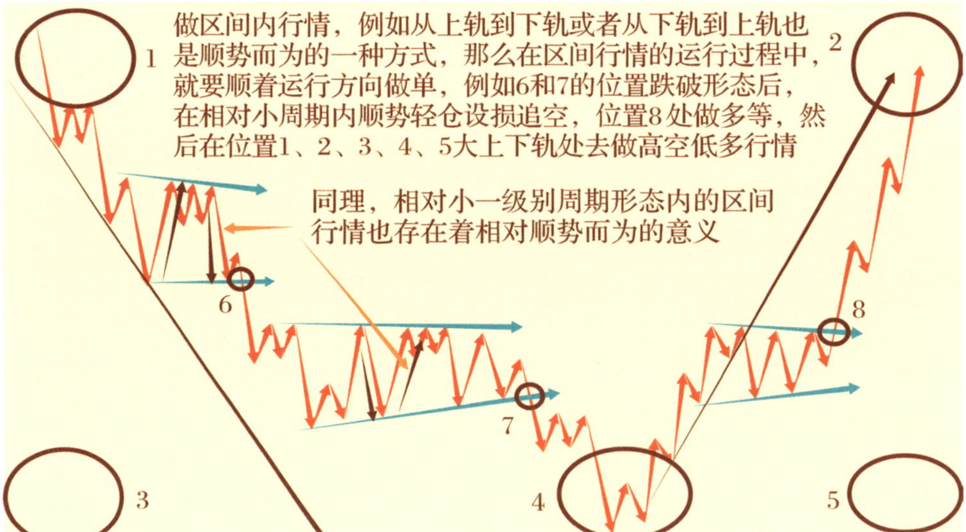

图81

处绝对损位做多。只不过这就需要在更小的周期图中精准细致观察了。

所以，我们要明白现在是在拿较规则的走势或者形态来举例，实战中会是融合第四章第一节16种形态的结合体，各种形态、各种走势都有掺杂在一起的可能，还是那句话，万变不离其宗，最安全的做单位置止盈位、止损位都是如出一辙，所以一定要多思考、多总结、多联想，争取早日做到融会贯通。

第五章
正式开启系统性分析行情

导读

通过对前几章节由浅入深的基础学习，本章节正式开始系统性分析行情，包括面对一个交易品种，应该怎样由大周期到小周期去分析现在的行情，什么位置下单最安全，如何分批止盈，如何设置止损，如何预期行情的变盘方向等。其实技术的东西就这么多，笔者希望能运用最简单的东西，达到最直击核心的效果。希望大家放平心态，重要的章节多看几遍，直至心中有了大概的分析逻辑，随后才可综合运用到实际行情中去，切勿心急，“磨刀不误砍柴工”。

Section 1

第一节 关于各位置处的相对定义

【图形说明】

图82为一轮周线级上涨行情后的周线级日线图震荡休整形态。观察周期为日线图。

位置1、位置2处含义为日线级60分钟图形态。

位置3处含义为此小形态是此轮周线级上涨后的第一个首次转头，行情接下来继续向上或转头向下都有可能。变盘方向不好确定，唯一能做的，只能在小形态的上下轨处轻仓设损试探做单。内部圆圈处为最上轨的上轨，为

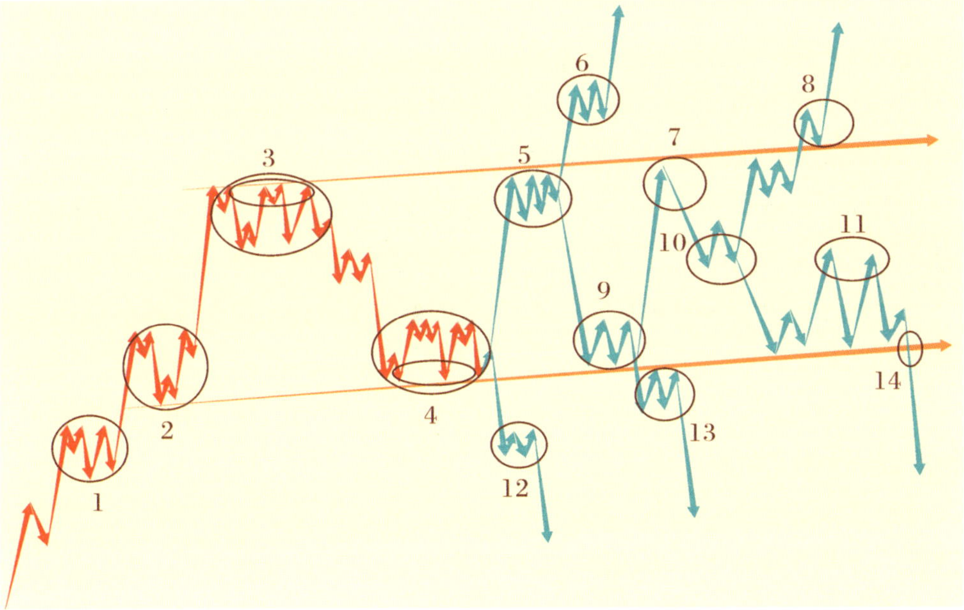

图82

绝对损做空位置。

位置4处含义为此小形态是此轮周线级上涨后的第二个首次转头位置。同样小形态的变盘方向上下都有可能。内部圆圈处为最下轨的下轨，为绝对损做多位置。

位置5处含义为此轮上涨后的二次探顶。可设前高位置3上轨处为止损位做空，大形态二次探顶处，下跌预期强，一买即赚的可能性大，相对上轨绝对损位置做空，一旦被扫损，损失最小。

位置6处含义为突破形态上轨后的上涨中继平台。可在小形态相对下轨处设损追多。

位置7处含义为此轮上涨后的三次探顶，倒V字反转。可设前高位置5上轨处为止损位做空。

位置8处含义为突破形态上轨后的反支撑位。

位置9处含义为此轮上涨后的二次探底。可设前低位置4下轨处为止损位做多，大形态二次探底处，上涨预期强，一买即赚的可能性大，相对下轨绝对损位置做多，一旦被扫损，损失最小。

位置10处含义为向上来说，小形态二次探底受到中轴反支撑，随后起涨。可在二次探底时做多，设损前方小低点。

位置11处含义为二次探顶受到中轴反阻力，随后下跌。可在二次探顶时做空，设损前方小高点。

位置12处含义为跌破形态下轨后的下跌中继平台。可在小形态相对上轨处设损追空。

位置13处含义为跌破下轨后的反阻力位。小形态二次探顶时设损做空，博取整个大形态的向下变盘。

位置14处含义为整体大形态向下变盘，此位置遵循区间内的高空低多原则后，多单会被扫损，造成高空低多失效。所以临近变盘末期，尤其形态振幅收窄后，要轻仓做单设损。

Section 2

第二节 关于如何系统性分析行情

【图形说明】

图83已经比较接近市场的杂乱走势了，至此我们要开始学习和掌握如下技能。

如何分析现在的行情（由大到小），各个相对位置处的含义（两个首次转头加二次、三次顶底），如何做区间行情（高空低多），如何做形态变盘行情（形态变盘注意失效），如何做单边行情（顺相对势而为），如何做出

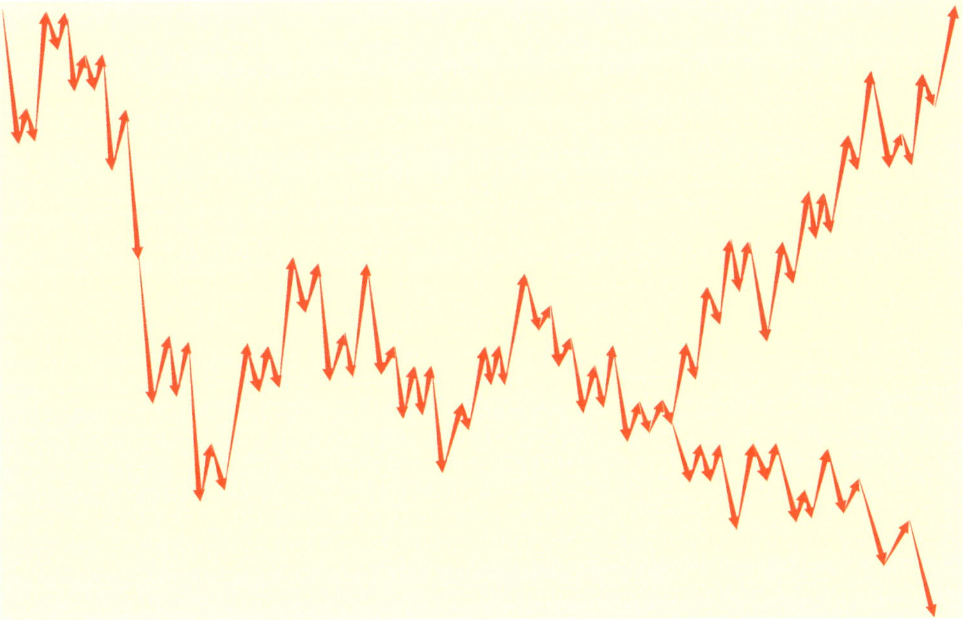

图83

对形态的预期变盘方向的判断（由大到小周期观察现行情），如何寻找规则的箱体三角形等操作形态（相对小周期观察清楚），什么位置进单相对很安全、不安全、极不安全（上下轨处或单边中或区间中），怎样在最安全的大利润、小风险位置进单（大形态的绝对损位），现在想做单的级别是哪个周期（由大到小形态找交易机会），止盈位该放到哪里（根据所做形态级别）及设置止损移动损的具体应用，以及需要明白的各种注意事项，交易中需要平和面对的心态问题，如何控制自己的情绪，如何最大限度地克服人性弱点等。最后，我们需要达到的目标就是如开篇所讲，只要一个带有K线图的品种，无论是属于股票、黄金还是外汇、期货、数字货币等，从月线到周线、日线再到60分钟图、5分钟图、1分钟图能够做到一气呵成，最多半分钟内把以上全部要点从前到后排序，能做到心中有数。只有做到这一点，才可以在面对时时变幻莫测的交易市场时，做到以不变应万变。

接下来我们把这张图当作实盘中的周线级行情，以周线级举例的目的为"一览众山小"，如果能明白周线级何时是震荡行情，何时是单边行情，对于我们做日线级和60分钟级行情来说相当于指明了趋势，那么成功率会大大提高，盈利空间也会随之变大。因为顺应了趋势。

本来看盘的方向就应该是由大到小，逐渐分析，所以笔者从一开始就以周线图进行举例，目的就是要培养这种看盘分析的意识。并且之前说过，如果明白了周线图对比日线图这两个级别的系统性分析，那么日线图对60分钟图以及60分钟图对5分钟图都是一样的道理。很简单，到时把此图当作一轮日线级行情，那么我们所分析的就变成了日线级对60分钟级的行情了。

【图形说明】

图84为日线周期图。

首先我们要明白上一轮周线级日线图震荡休整形态的变盘释放，就会有一轮周线级别的单边行情产生，释放到一定空间幅度，随后又会产生周线级日线图的震荡休整形态。

如图84所示，在从上到下释放过程中会遇到顺畅的或来回震荡的杂乱行情，当反反复复的行情经历了这一过程后，随后跌到前方周线级支撑位1左右（1处为日线级60分钟图形态），如果释放完全，此轮周线级下跌行情则面临着第一个首次转头，我们明白首次转头形态的变盘方向是难以确定的，行情有可能继续向下变盘，也有可能反弹收复，那么我们可以通过规则小形

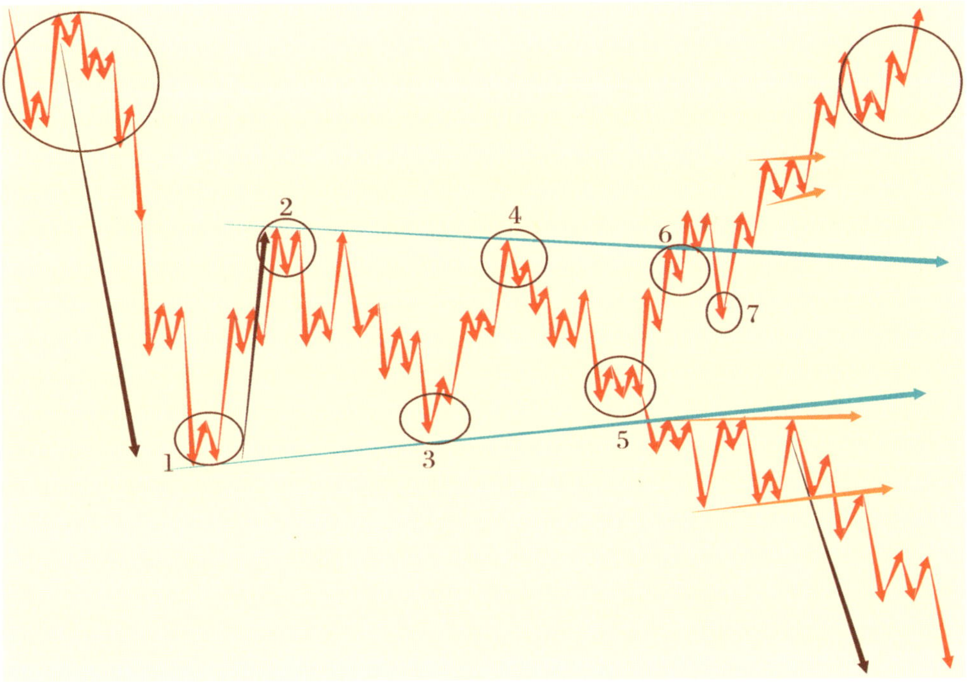

图84

态来试探性进单，因为要更精准进单，所以就要去观察所处这个位置的60分钟周期图，那么显示在60分钟图中这个位置应该是个够大的可操作形态。

接下来在位置1相对下轨的下轨处，在60分钟图中，轻仓设损做多博取行情的转头，也就是博取一轮小单边行情的反弹上涨，做多的目的是因为这可能是周线级的收复行情，盈利空间也不会小。接下来要么被扫损，要么行情就按照预期向上运行，如若后者，随后又会出现第二个首次转头，也就是位置2处，同样变盘方向不好确定，可以在相对小周期60分钟图或5分钟图中，更细致地观察，争取有机会在上轨的上轨绝对损位处做空单。

随后要么行情继续向上运行（第四章第一节的16种形态中有过讲解，反弹收复后没有去大形态的二次探底，而是直接突破前高就继续涨），要么按照预期空单方向运行，如若后者，那么又会下来构成震荡大形态的二次探底位置3处，此位置就是相对安全的做多位置了，可以设前低1处为止损位。当然接下来这个大区间下轨处的位置3有可能向上到达上轨，但是同样也有可能跌破下轨（之前16种行情图形有这种情况，没有二次探顶，反弹一些就再次跌破前低）。如若前者，按照预期多单方向运行再去探顶，到达位置4。如此再次循环，位置4接下来的选择就是突破上轨上涨还是再次到达位置5（在这里可去翻阅16种图形形态，做到加深理解）。随后形态终将再次变盘。

Section 3

第三节 关于进单止损止盈位置的问题

【图形说明】

图85为日线图。一轮周线级的下跌行情后，在日线图中去清晰观察，随后就会形成周线级日线图的震荡休整大形态（蓝色区域内），随后大形态又会进行变盘释放。

位置1处的含义为圆圈处的二次顶所处上方形态中轴左右的位置，因为此形态所处相对高位，所以，如果预期此形态向下变盘，那么是尽量做空

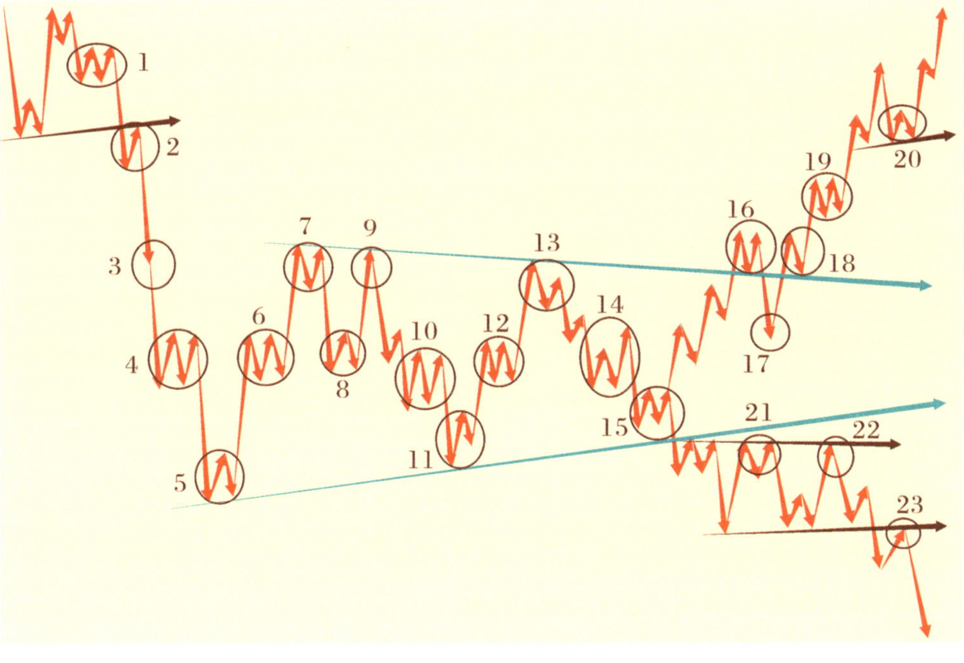

图85

单。止盈位置可在到达形态下轨后（深红色画线处）平一部分，剩下的设保本损或者移动损继续持有，博取整个周线级下跌行情。

位置2处的含义为跌破形态下轨后反弹受到反阻力，可以做空博取形态的向下变盘行情，有盈利后不断设移动损即可。

位置3处的含义为行情在周线级下跌过程中显示在日线图中非常顺畅，要通过60分钟图甚至5分钟图来清楚观察此位置的运行，如果想做单，要去60分钟图或者5分钟图中找规则，至少二次顶底的形态，上轨去设损进空单，设完移动损后博取此轮周线级的中后期行情。

位置4处的含义为周线级单边行情运行过程中，二次顶底意义同上，因为所处顺势下跌途中，所以尽量在圆圈处上轨设损做空，因为临近周线级释放末期，所以一是轻仓，二是要开始有低点后分批止盈。

位置5处的含义为首次转头小形态内形成二次探底，可在第二次探底时做多单设小前低点为止损位。止盈位为至少收复此轮周线级下跌行情1/3左右（至少为位置6处或位置7处），有盈利设移动止损。

位置6处的含义为周线级反弹收复过程中的小形态，可在二次探底时做多设损前低，博取接下来继续的反弹行情。

位置7处的含义为周线级震荡形态的第二个首次转头处，圆圈内小形态二次探顶时可做空，预期行情向下运行，设损前高，止盈位先为中轴左右，随后有盈利设移动损博取大形态下轨处。

位置8处的含义为中轴处的小形态，此位置的小形态没有预期变盘方向可言，到达大形态上轨或下轨都有可能，如果顺区间的下跌趋势做空的话，有可能空单被扫。

位置9处的含义为大形态的二次探顶，也就是倒V字顶，毕竟到达上轨机会也难得，可通过小周期60分钟图、5分钟图细致进单，止盈位为中轴至下轨。

位置10处的含义为区间内下跌中途，二次探顶时做空，止盈位为圆圈内小形态下轨处至大形态下轨处。

位置11处的含义为大形态的二次探底，V字反转，可做多，设前低止损，止盈位为中轴左右至上轨。

位置12处的含义为中轴处的小形态，此位置的小形态没有预期变盘方向可言，到达上轨或下轨都有可能，可顺行情的向上运行方向，圆圈处二次探底做多单，止盈位上轨。

位置13处的含义为大形态三次探顶，也是倒V字，但毕竟到达上轨机会也难得，可通过小周期60分钟图、5分钟图细致进单，止盈位为中轴至下轨。

位置14处的含义为尖顶诱多形态，如果二次探顶时做了空单，有可能被扫损。

位置15处的含义为大形态三次底，如若此位置遵守相对高空低多下轨做多，如果形态震荡末期，选择向下变盘就会被扫损，高空低多失效。但这其实也是做大形态的好处，因为只要在相对60分钟图或5分钟图绝对损位进的多单，行情在60分钟图或者5分钟图中，虽不转势向上大涨但也会至少反弹一下再跌，那么就有充足的时间保本或者小赚出掉单子（因为绝对损进了一买即赚了，就会开始设保本损或者移动损的，虽然在日线图中显示上涨空间很小，但实则在60分钟图或5分钟图中，会有非常大的空间），从而不会有什么太大损失。

位置16处的含义为行情突破了上轨，如果在圆圈内小形态二次探底时做了多单，但行情实际为诱多，又跌至中轴左右。所以这也是设损的重要性，否则万一行情为真诱多，不仅到达了中轴，还可能会到达下轨处乃至跌破下轨，进而形态再选择向下变盘，那么只需要一次这种行情，就可能产生大亏损或者爆仓。

位置17处的含义为大形态变盘前，中轴处的反支撑位。

位置18处的含义为二次反支撑位成功，行情真正起涨。设损在位置16小形态下轨左右，止盈位为博取整个大形态的向上变盘行情。

位置19处的含义为大形态变盘突破上轨后的上涨中继平台，圆圈内二次底时做多，博取整个大形态变盘后的周线级上涨行情。

位置20处的含义为下轨处三次小底，圆圈处同理也可以追多，设移动损。

位置21处的含义为跌破下轨后的首次反阻力位，可在此圆圈形态内的二次探顶时设损做空。止盈位置为博取周线级形态的向下变盘行情。

位置22处的含义为跌破大形态下轨后的二次探顶反阻力位，做空极安全位置，设损有章可循，可在位置21处设止损位。止盈位置依次为小形态区间下轨（黑色画线处）至跌破小形态下轨后到达周线级的支撑位。

位置23处的含义为跌破小形态后的反阻力位，因为是首次反弹小下轨，所以做空单要轻仓设损，防止还有反弹的诱多高点。

同时注意一点，一旦高空低多失效，行情突破重要位置单子被扫损，就说明行情也许是真的突破了，就不要再不甘心，非得继续去做高空低多，那样只会逆势而为不断被止损，要及时转变心态。

【图形说明】

如图86所示，这里再用技术具体说明下做单一定要设损的原因。以下举例位置分为周线级日线图大形态区间的上轨和下轨处、区间中轴左右，以及大形态变盘释放后单边行情中等几个位置处。

位置1处为大形态上轨处二次探顶做空，如果不设止损，行情万一突破上轨，高空低多失效，甚至有可能再次上涨至上方大高点位置，如此一来，如果去赌、去扛，就会有大亏损的可能。就算运气好，行情又下来了，那做的也不是概率，而只是赌。如果仅仅是赌，迟早会一次回到“解放”前，毫无稳定盈利可言。

位置2处含义为圆圈中这个从大区间上轨向下跌运行到中轴左右处的小形态，我们可以通过60分钟图或5分钟图去仔细观察，然后在这个小形态的上轨处去做空，但大家仔细观察，行情却突破了小上轨，所以就这就是行情的变幻莫测性。如果不在小形态上轨二次探顶时设损，万一行情到达位置1后，再突破大形态上轨，那么这一次就有可能造成极大亏损。

位置3处圆圈所处左前方的大高点形态下轨左右，圆圈处小形态内二次

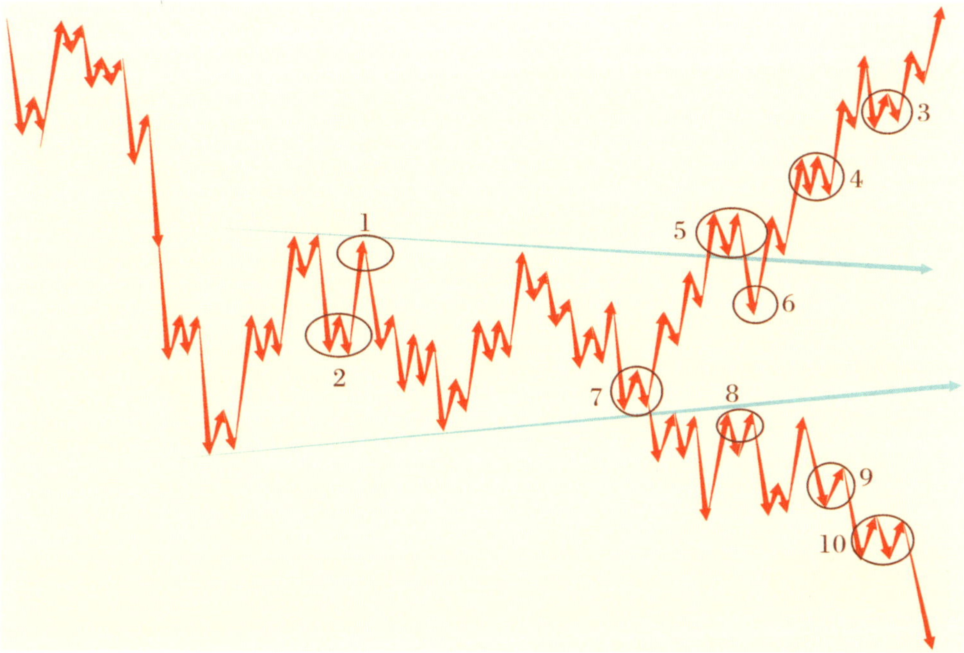

图86

探底，如果做多单不设损，万一行情再次进行一轮周线级的下跌，那么就还会重新回到下方大形态的上轨处（上方蓝色画线）或者下轨处（下方蓝色画线）。那这个多单扛的就是一轮大周线级下跌行情，如果中途再加仓，就会重仓被套，结果可想而知。

位置4处含义为圆圈处二次探底做多，如果不设损，行情突破上轨后如果是诱多行情，随后再次跌至大形态上轨处甚至中轴或下轨处，那就太被动了。

位置5处含义为看着是突破大形态上轨了，看着是圆圈内小形态在反支撑位，二次探底下轨做多，如果不设损，万一行情是诱多，再次回到中轴或者下轨处，同样心里也没底，万一诱多后空头一去不复返，多单就危险了。

位置6处含义为圆圈处的小形态在中轴反支撑处的位置。接下来行情是转头向上还是继续向下运行未知，这个务必也要以设损进行保护。

位置7处含义为虽然是大形态下轨的三次底做多位置，但也要防患于未然。在圆圈内二次探底时做多，如果不设损，大形态跌破下轨向下变盘，低多失效，接下来只能扛一轮周线级的下跌行情，小亏损是不可能的。

位置8处含义为下轨处四次探底，与位置7同理。

位置9处含义为圆圈处虽为第三次底点想做多单，但要明白这是跌破周线级大形态下轨后的单边下跌趋势，是要以做空为主的，否则很容易高空低多失效被扫损。那么如果这个位置做多单不设损，同样，也许接下来还是一轮周线级下跌行情要扛，最后扛不住了，只能大亏损走人。

位置10处含义为圆圈处三次探底时做多，不设止损，跌破位置10处小形态下轨，意义同上。

Section 4

第四节 关于仓位的分配问题

【图形说明】

其实行情就这几个位置，震荡初期有了第一个首次转头和第二个首次转头，随后可能出现二次顶底和三次顶底等，就形成了区间形态上轨和下轨之后是中轴左右，再然后就是形态震荡休整末期将要变盘突破（上轨4处位置和下轨5处位置），随后就是形态突破后的单边释放过程，单边释放大致分为运行初期、中期、末期。之后一轮大行情释放完了，又要震荡休整了，接着又会出现第一个首次转头、第二个首次转头、二三次顶底等，周而复始。

以图87为例，如果笔者做单，会在1处、2处、3处、4处、5处、9处、11处、13处轻仓做单，6处、7处、8处、10处、12处正常仓位做单。

笔者认为仓位的分配一是和形态的大小级别有关系，二是和形态的规则与否有关系，三是和现在的行情所处相对大形态的什么位置有关系（因为这

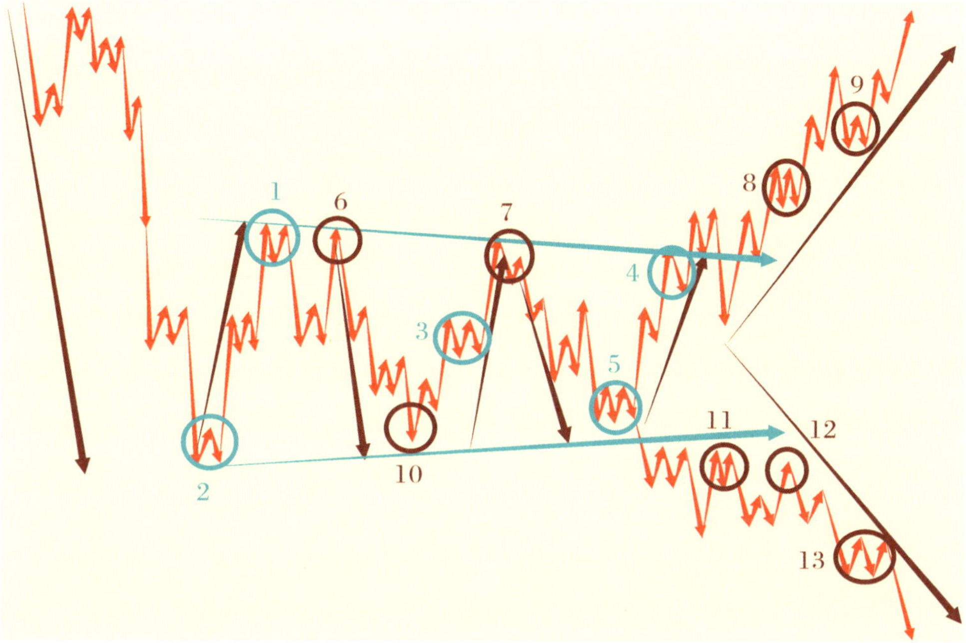

图87

会导致形态的预期变盘方向不同）。

那么我们所说的级别大小是什么意思？我们举个极端例子，就说日线图形态和1分钟图形态，当然是操作前者更具有优势，一是盈亏比的问题（承担着同样的止损风险，但是如果行情方向做对，所产生的盈利空间是有着极大不同的）。二是形态过小，行情容易上下乱震，易被扫损。三是大形态进出更有空间余地。较大的形态，大概率到达上轨不回调也会回踩一下再上涨，到达下轨不回调也反弹一下再下跌，那么给我们带来的是就算被扫损，但也是保本损或者盈利损被扫的，不会有太大亏损。但是相对小形态就容易急涨、急跌，急速突破上轨或者急跌跌破下轨，造成高空低多失效，没有进出的空间和余地。

我们所说的形态规则是指顶点间与底点间趋势线是否能顺畅连接，那么所说的绝对损位等会更加具体，避免诱多、诱空行情，并且变盘释放时行情容易一鼓作气。

最后所说的预期变盘方向之前也有过讲解，具体的含义就是预期这个形态是向上还是向下变盘的可能性大。例如图87位置7处一看就是在大形态上轨处，根据大形态内的高空低多原则，应该在位置7处三次顶做空，并且如果预期蓝色大形态会向下变盘，那么更是要尽量去位置7处的上轨处做空，而不是在下轨处做多，以免做到高空低多失效被扫损。还有就是在大形态变盘后，如果做单的方向是顺大单边行情的趋势方向，那么也可以多做一些。例如在位置8处和位置12处等，在大形态单边释放初期，就可以顺势沿趋势方向设损做单。同时谨记一点，不管是在区间形态上轨做的空单现在到达下轨盈利了，还是在区间形态下轨做的多单现在到达上轨盈利了，或者大形态变盘后单边释放过程中盈利了，都要克制自己的贪欲，谨防看到盈利后再加重仓进去，尤其是行情越到释放末期，反转的可能性就越高，那么此时，一个小反弹或者小回踩就容易使本来赚钱的单子反而变成亏损状态，同时心态也会受到极大的干扰。谨记不要太贪，行情运行到末期，最后剩下的一些单子，设完移动损，能到哪里就算哪里，等待把所有单子都出掉后，再重新找大的安全机会进单，不要想着靠这一波行情就大赚特赚。

关于仓位过重会导致的不良后果我们先举个小例子。我们都知道抛硬币出现正面和反面的概率各是50%，即有一半的概率出正面，一半的概率出反面。假如你今天和一位朋友玩赌钱游戏，抛硬币定胜负。出正面，你赢1元；出反面，你输1元。你们各拿1000元的本金来赌，这场游戏的结果就很清楚了，赌久了谁也赢不了，谁都不会输。这是一场公平的游戏，突然你朋友说从下一手开始，出正面，你赢0.95元；出反面，你还是给他1元。你还干吗？你肯定不干。因为你知道输光是迟早的事情，反过来，你朋友建议说，出正面，你赢一元；出反面，你赔0.95元。你会怎么想？你肯定会大声说好，因为你知道他输光是迟早的事情，你知道你赢定了。但是现在假设这位朋友要提高赌注，每注500元，出正面你赢500元，出反面你输475元。概率没有变，还是1：0.95，但赌注变了，从开始的百分之一、千分之一提高到1/2，这时你会有什么感觉？你还是知道有赢的机会，但是你赢定了的感觉就没有了，因为你的本金只够赌两次，这时你开始紧张了，如果这1000元是你下个月的生活费，还敢赌吗？

上面的例子说明你输赢的概率没有变化，但下注的数额发生了改变，整个游戏的性质便发生了变化，你从赢定了变成没有稳赢的把握。大家做了几年期货，自己也许有些经验了，但要明白经验是干什么用的。经验提高的目的是为了要使每次进场赢钱的概率提高，通过你自己的观察和研究，不断累积经验，将自己每次入场获胜的概率从50%提高到60%，甚至80%，这个肯定是正确的。但以上却不是最重要的，最要紧的是，每次进场不要下注太大，只取少部分本金，原因之前也说了，是防止一次性亏损过大，如果你一次就想来个大的，万一被扫损，就是大损失，对于本金的保护是极为不利的。上面的例子其实说明了两个问题，一是重仓会让自己的情绪过于波动，就算在保证自己进场成功概率高的情况下，心里也是没底的，这样肯定不利于操作。二是如果你重仓，就算高概率从一开始就是向你倾斜的，但最后的结局也不见得是你稳胜。所以，你就别想着进单就重仓那回事。如果能做到以上两点（高概率，预防大损失），再加上大赚小亏（盈利持长，绝对损位进单），这样长期下来你就能够久做必赢。

这里再分析一个知识点，关于加仓的问题。

做单加仓分为区间内的加仓和震荡休整形态变盘后单边释放过程中的加仓。前者的操作方式为，一般只到达上轨或者下轨附近时，先轻仓潜伏一些，然后等到了绝对损的位置再加仓。后者是属于在形态突破后，手中轻仓的单子已经有盈利了，因为形态一旦释放，会释放很久，有很大的空间，那么在单边行情的释放过程中，再按照进单原则，去寻找60分钟图及5分钟图规则小形态的二次顶底绝对损处再加仓，然后设置移动止损，但注意加仓不要加太多，以防万一被扫损而造成亏损。还有谨记，不是比现在的价格高一点点或者低一点点就觉得价格更合适了，就不断加仓了，而是要看相对各个区间，只有到达了距离较远的价格区间处，才去进行加仓。

所以，无论做期货还是做股票，无论是做周线级形态或是做日线级的形态，都是在到达形态区间上下轨附近时先轻仓做一些，如果再出现绝对损的位置再加一些，但是谨记，万一行情突破上轨或下轨，也就是高空低多失效，那就必须全部严格执行止损。要么你就只做绝对损的做单位置，其他只要没到绝对损的位置，不是和预期变盘方向相同的做单位置，就一概不进单，哪怕极轻的仓也不行，或者只要形态不规则、不够大就不做。如果遵循了以上所有的条件才做单，这样虽然会丢掉很多操作机会，但是却确保了几乎每做的一手单子，都能达到各种条件的几近完美，那么每笔单子盈利的概率就能提升至最高。

本章结束之时，从第二章讲到这里，希望大家也能领悟到所说的以不变应万变的具体所指，那就是看盘先由大到小，只做形态较大的、规则的、预期变盘方向强的，形态区间内尽量只等待在相对上轨或者下轨处绝对损位置才做单（分为大形态的上下轨处和大形态区间内的小形态上下轨处）。并且，大区间内的60分钟图、5分钟图和1分钟图等小形态的两个首次不要做，只在二、三次探顶底时才做。其原因大家也应该明白，两个首次处变盘方向未知。至于日线图形态的两个首次可以适当做一下，因为日线图周期大，所以就算在两个尖顶底处，在60分钟图或5分钟图中显示也应该是有几个小顶底的，也能观察得清楚，所以有机会也可以把握，主要也是因为它接下来能引起较大行情空间。还要明白，如果是在日线图二、三次顶底处，那就做日线图行情了。至于大小形态变盘后，最好只做释放初期、中期行情，进单同样是以较规则的形态上轨做空或下轨做多绝对损位来作为安全进单的依据。

第六章
操作系统的实战综合运用

导读

本章节开始结合实际行情，以郑煤品种举例，由周线级行情逐一开始分析，进一步与实战相结合，加深整套系统的理解与运用。读书百遍，其义自见。多读、多理解、多思考、多运用。

Section 1

第一节

做周线级日线图震荡及释放行情

【图形说明】

如图88所示，一轮周线级行情的上涨，首先有了首次转头1，随后又出现了第二个首次转头4，之后为二次顶底2、5的出现，随后就构成了整个周线级日线图震荡休整形态。其实行情运行真的挺简单的，所以在这里再次说明一下选择的重要性。品种的选择就像挑选一件自己心仪的物品一样，要在纷纷扰扰中找到适合自己的。又如前面的道路有很多条，为了节省时间，我们肯定要走高速公路，而不是泥泞的山间小路。对交易品种的选择也是一样，有好做的，就没必要抱着那个不好做的不放手。就如这个品种，只需做上这两轮二次顶底的区间行情，就已经可以使本金至少翻几番了，这可是周

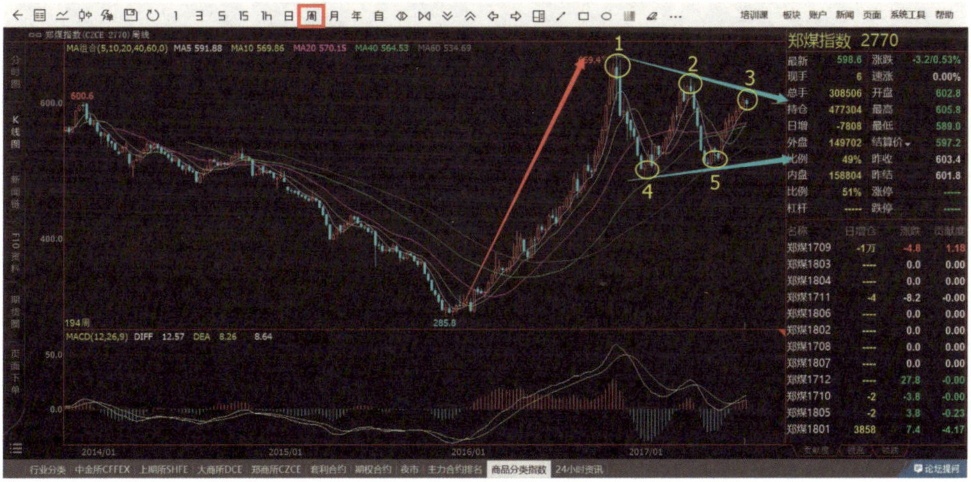

图88

日线级的行情，一年内的其他时间，完全可以休息了。

【图形说明】

如之前所讲，既然有一轮周线级的上涨，就会有一轮周线级日线图形态的震荡休整，如图89所示，首先会出现第一个首次转头1，那么要想更加清楚地观察这个位置，就要去60分钟图或5分钟图中仔细观察有没有规则小形态上轨的上轨绝对损位、下轨的下轨绝对损位等安全的做单位置。所以操作一个形态在重要位置处时，至少要去其相对小一级别中细致观察，那么现在去60分钟图中观察第一个首次转头1的位置。

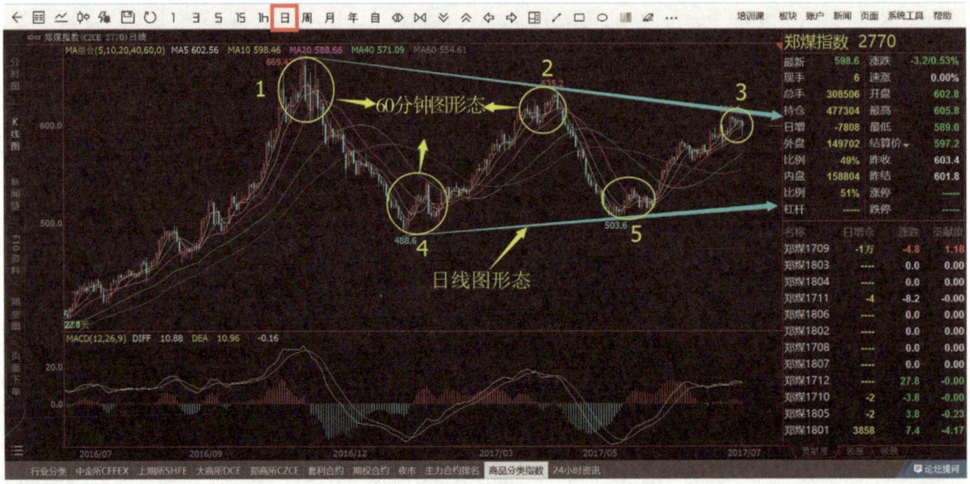

图89

【图形说明】

如图90所示，细致、清楚观察此位置处的60分钟周期图。可以观察出，一是此形态是由三次顶底构成，二是因为我们预期此位置可能为一轮周线级上涨行情后的第一个首次转头，也就是预期了这个形态，预期向下变盘的可能性较大，那么就要尽量选择在上轨处做空，而不是在下轨处做多。例如位置3处做空设损前高左右，止盈目标位一是形态下轨，二是有盈利设移动损博取整个形态的向下变盘空间，也就是周线级的一轮下跌收复行情。当然下轨轻仓做多也可以，例如位置5处，毕竟这也是60分钟图的区间行情，还是有些操作空间的。但是假如在位置6处做空，也容易被扫损，所以这就是预知行情预期变盘方向的重要性，因为其决定了做哪个方向的单子，是否会容易高空低多失效被扫损。如图90所示，随后行情选择向下突破变盘。

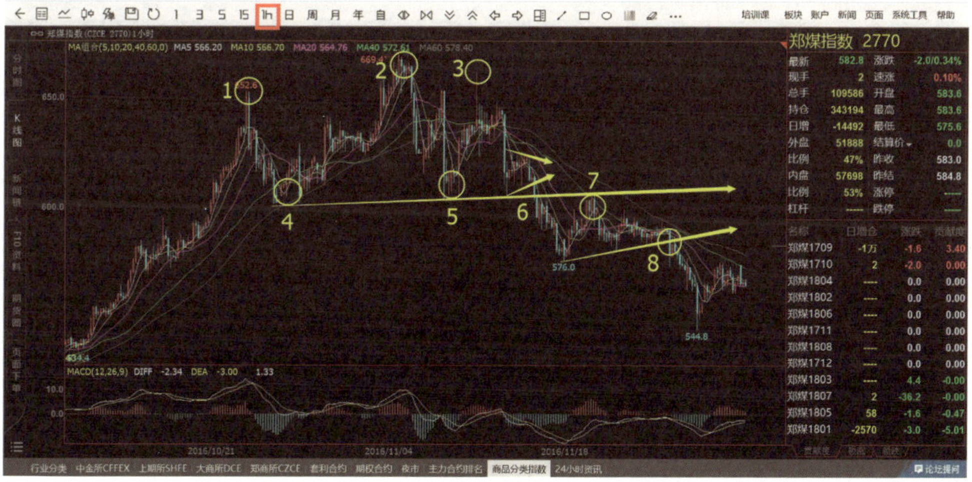

图90

【图形说明】

首先，要预期这轮周线级下跌收复行情会跌到周线级什么位置，当然是到周线图中去找它的支撑位。心里有了这个底后，随后就是在60分钟图中去等待规则的大小形态的上轨（例如位置4、位置5处）绝对损位，顺应趋势，一路做空。如图91所示，只要是类似形态一和形态二这样的形态都是很规则的。如果在60分钟图中显示形态较模糊，那就再去观察5分钟图，如此，一定会是显示清晰的较大形态，切换观察后，在上轨处进行做空。再说明一下，也可以在位置6、位置7处做多，毕竟是一轮60分钟图的区间行情，也有些盈利空间，但为什么尽量去做空而不是做多，同样也是因为形态一和形态二，是处于一轮周线级大形态变盘后的单边行情释放初期，而它们处于下跌趋势中。

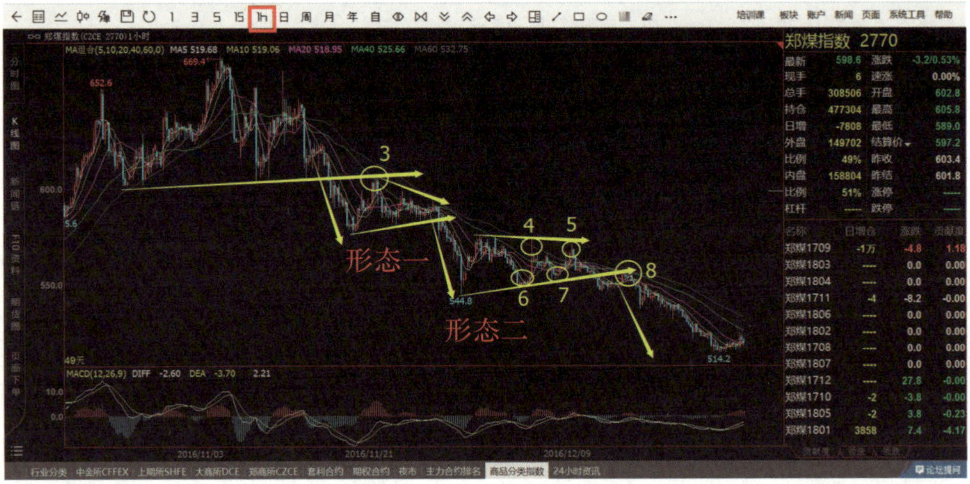

图91

【图形说明】

如图92所示，第二个首次转头处的分析还是要去60分钟图甚至5分钟图中仔细观察，尽量寻找绝对损的进单位置进行低多。上方的二次探顶及下方的二次探底等同理。

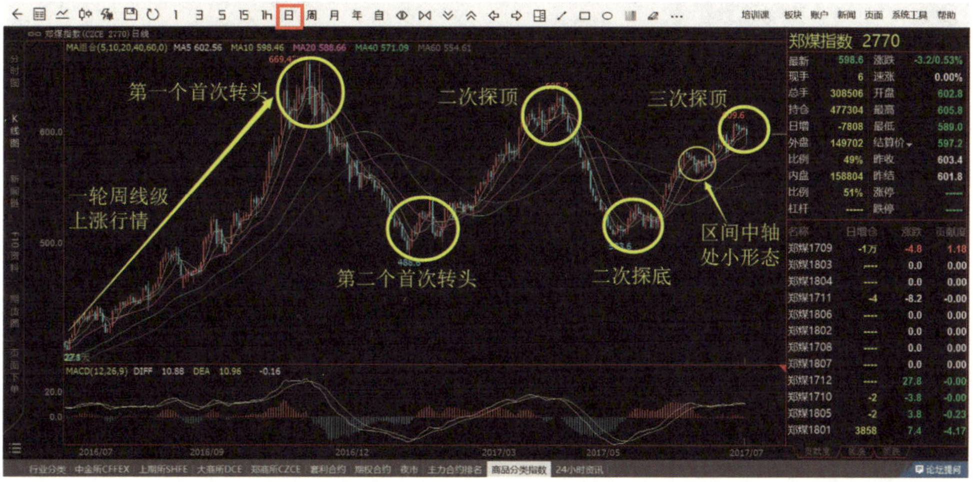

图92

【图形说明】

如图93所示，我们所说的做周线级日线图行情就是指不到区间形态的大上轨或者大下轨处就不做单，不到大形态突破上轨或跌破下轨变盘后的单边释放时，也不做单。那么这种行情就很简单，只需要等待——行情到达大形态上轨或下轨时，或者大形态变盘后单边释放过程中等待到安全位置时，以上这几种位置处才去找规则形态，然后去60分钟图或5分钟图中仔细观察找绝对损位置进单就可以了。

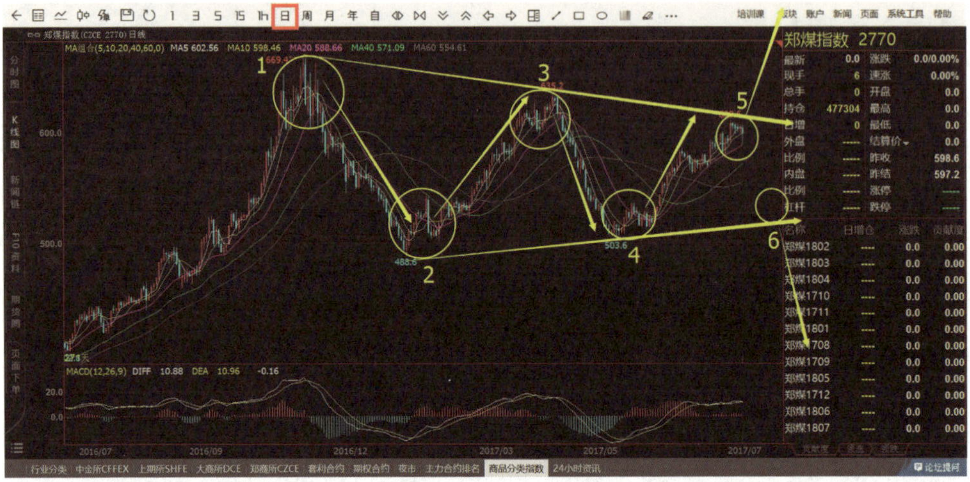

图93

【图形说明】

如图94、图95所示，三角形形态变盘后有个特点，就是行情有可能突破上轨后到达前高点附近后再次回落至区间内或者跌破下轨后到达前低点附近再次回升反弹至区间内，产生诱多诱空行情。这样一来，整体大形态可能会由之前的三角形形态变为箱体形态，继续在大区间内震荡休整，随后整个大形态再变盘选择方向。

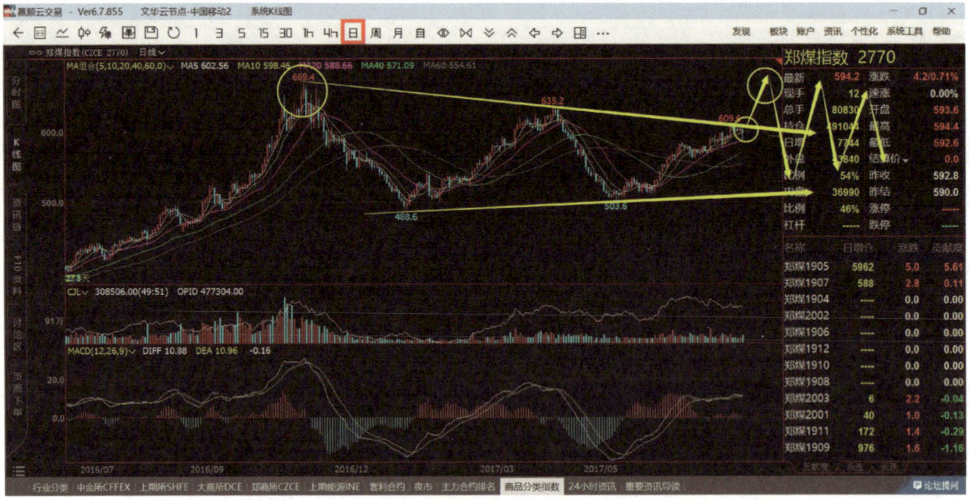

图94

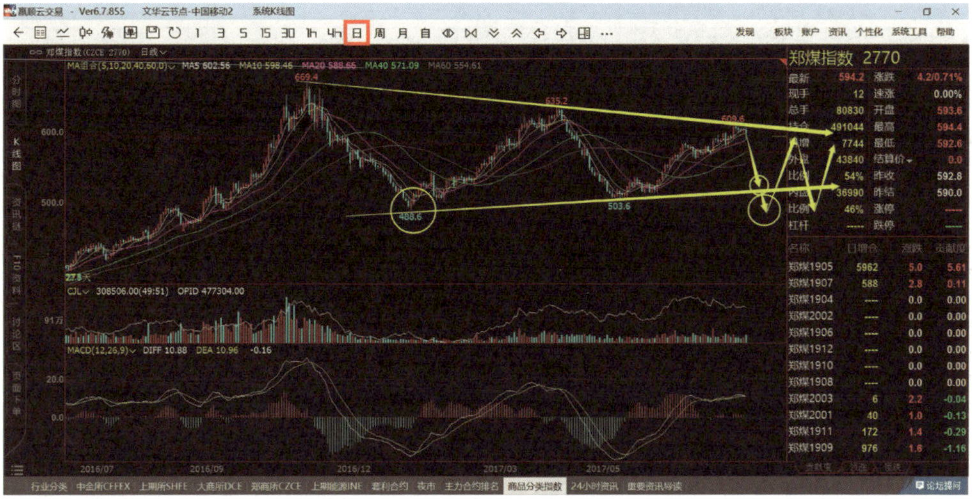

图95

Section 2

第二节 做日线级60分钟图震荡及释放行情

【图形说明】

如图96所示，还记得这个整体形态叫作周线级日线图形态吧。关于当初为什么叫日线图的原因是说在日线图中才能观察清楚，并且是因为要讲那些技术运行规律涉及大小形态的转换，便于理解。现在有了一些认识了，我们其实可以直接叫作日线图形态的（省掉周线级几个字）。

同理，当时也说了圆圈1、2、3、4、5、6、7、8、9叫作日线级60分钟图形态，以后也可以改叫60分钟图形态了。

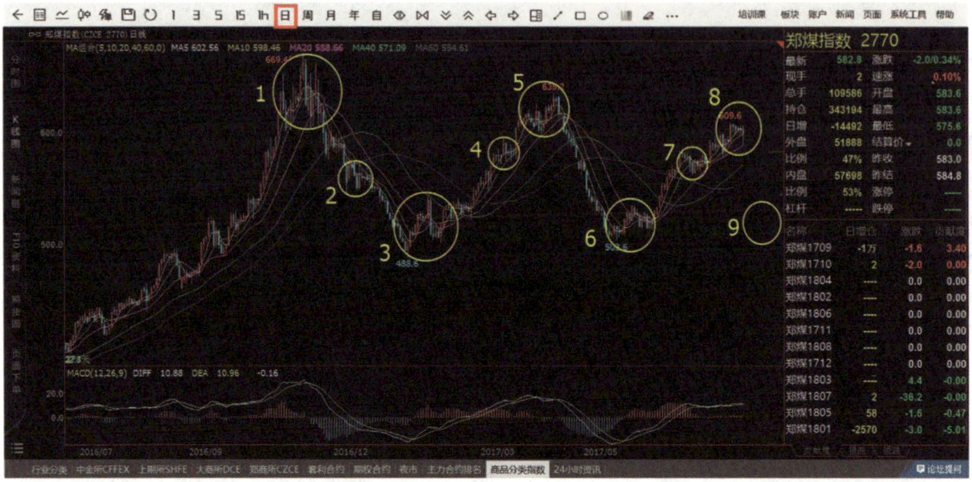

图96

【图形说明】

大家仔细想想，其实我们所指的操作日线图形态，就是指在大形态区间上轨和下轨或是变盘单边释放过程中等位置处去进单，但大家要明白，以上所有位置进单时也都是从60分钟图等较小级别周期去细致、清晰观察的。

所以，我们前面所说的操作60分钟图行情，其实就是指操作日线图时看

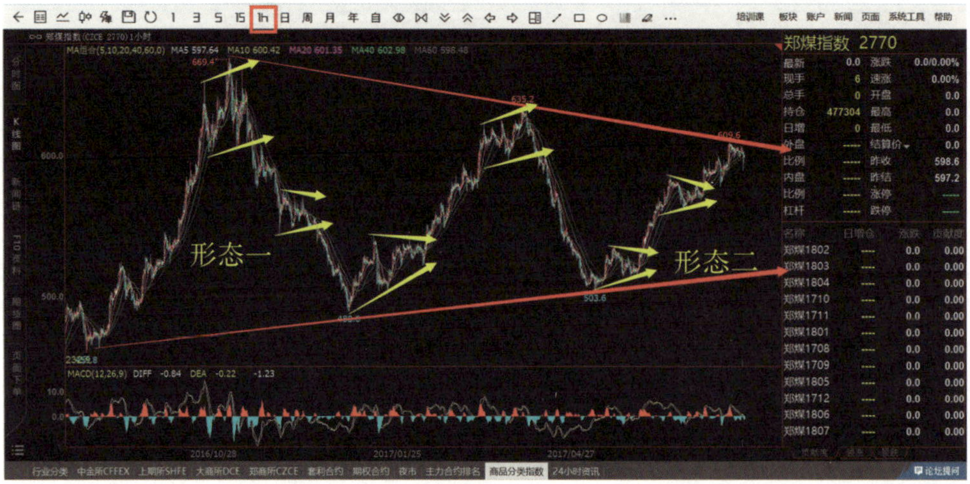

图97

不上的位置处，也就是日线图形态中轴处（或大区间内所有未处于日线图上下轨处的60分钟图形态，如图97形态一。因为处于日线图上下轨处时，就是属于操作日线图大形态了，如图97形态二。处于日线图大形态变盘后的单边释放过程中，也是属于操作日线图大形态的单边释放行情）。

所以，在日线图形态没有操作机会时（没处于日线图形态上下轨，没处于单边释放时），我们就可以操作它区间内的60分钟图形态（意思就是也可以做日线图区间内的行情，例如在中轴左右的60分钟图形态做单）。

【图形说明】

举个例子，如图98所示，观察区间中轴处的小形态。行情所处大形态密集区中轴左右，在此位置没有预期变盘方向可供判断，但是能确定的是圆圈处的这个60分钟图小形态必将选择方向到达上轨或到达下轨处，那我们现在对行情的操作方式为，去60分钟周期图中仔细观察此形态。

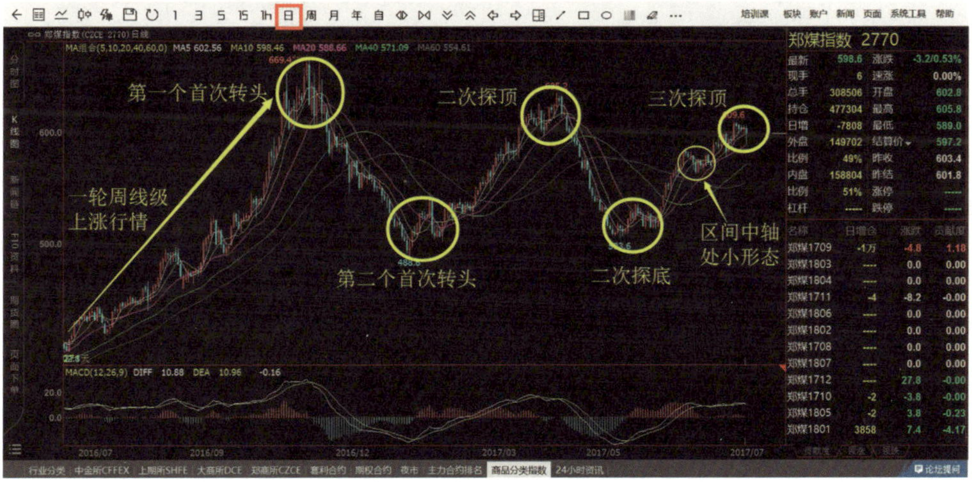

图98

【图形说明】

如图99所示，也就是在60分钟图中观察这个形态会更清晰，再去观察5分钟图。

图99

【图形说明】

图100为5分钟图，但是像这种所处日线图中轴处的小形态，如果在60分钟图中形态还不是很规则，那么也可以不做，毕竟之前也说过这种所处中轴处的形态变盘方向不确定，形态又不规则，在仓位管理方面是可以轻仓或者不做的，一定要有耐心，也可以只等到周线级日线图形态的上下轨处预期强时才去做。

所以，如果想博取这个60分钟图小形态的继续向上变盘运行，细致观察，再来到5分钟周期图。也就是在图100中，下轨的下轨的位置（位置5、位置6、位置7、位置8、位置9）处来做多，就算没博成也是最小的风险损失，接下来到达图100中形态的上轨处了，可以止盈一部分（谨防过山车行情，价格又下来，利润回吐，白忙一场），剩下的单子设好移动损或者下轨附近的保本损，零风险博取整个日线图的继续向上行情（图100中形态预期向上变盘）。但是又不能全部平仓，谨防行情突破上轨继续上涨，赚不到较大利润。如果突破上轨后，手中没有多单了，再想重新进单的话，就不是最安全的位置了，会伴随着诱多或者回踩位置未知等问题，那么等同于对何处设损来说，也是不好把握的。设损近了，容易被随便一个回踩就扫损；设损空间大了，万一行情就是诱多，随后真下来了的话，那么被扫损就是大损失。所以这也就是分批止盈的重要性。

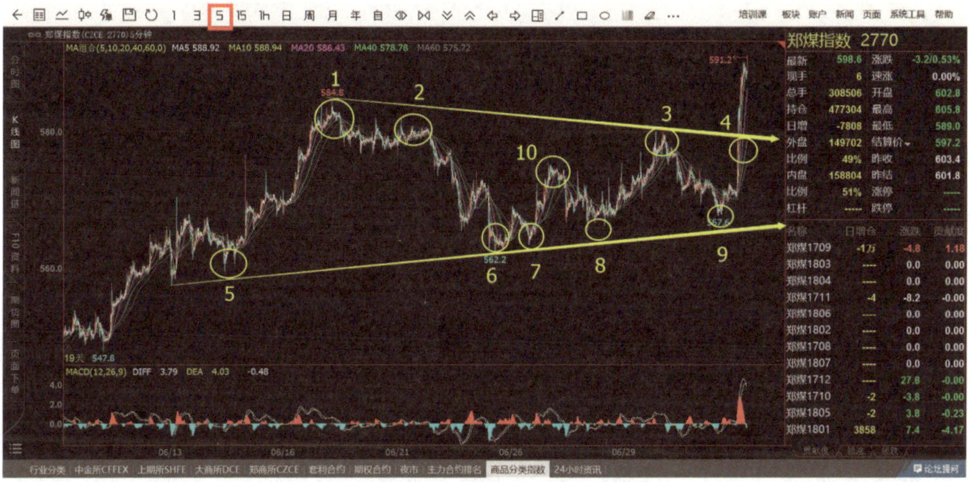

图100

Section 3

第三节

做60分钟图级5分钟图震荡及释放行情

【图形说明】

大家理解一下，红色大区间为日线图形态。各黄色小区间在其上轨、下轨或中轴处又是另一个级别为60分钟图形态。那么在60分钟图的区间形态上轨、下轨或者中轴处又是什么？答案为5分钟图形态，这就需要去5分钟图中清楚观察了。以图101形态二举例。

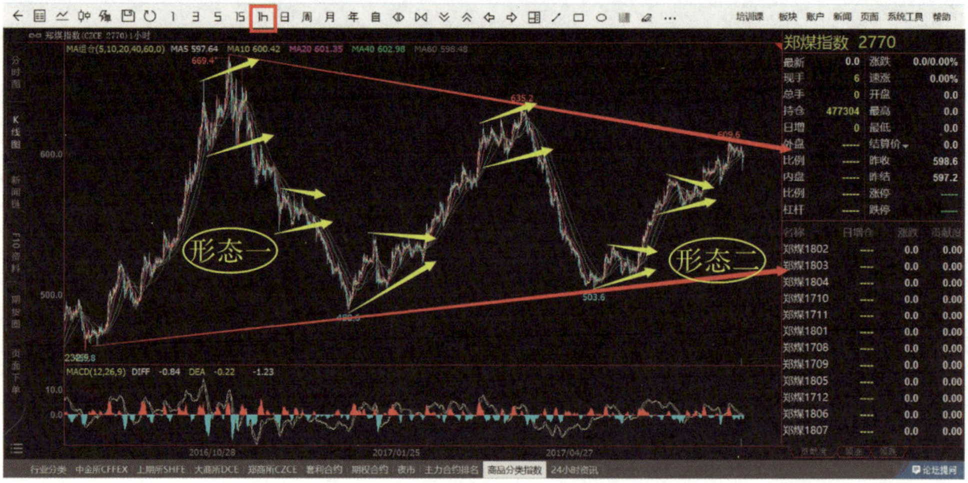

图101

【图形说明】

大家仔细观察，图102圆圈中的上下轨处和中轴处就是关于操作的60分钟图级5分钟图形态了（5分钟图形态），那么如果要更加细致地去分析和操作圆圈内的区间行情走势，同上，就要去1分钟周期图中观察了。

从本章第一节到本节结束，共讲解这三种级别，只想让大家明白——日线图区间内，日线图形态上下轨有机会，就去操作日线图（日线图形态变盘后有单边行情机会也属于操作日线图）。日线图形态没机会，就去找其区间中的60分钟图形态，观察有没有符合条件的操作机会（不管是60分钟图形态小区间还是变盘后的小单边）。如果在60分钟图中也没有，就再去看看60分钟图区间内的5分钟图有没有小形态的操作机会（不建议操作5分钟图形态和1分钟图形态）。同时，此种看盘和分析方式，深度符合了由大到小的趋势型做单理念，确保了由大到小依次分析和操作形态的顺序，这样就能做到时时洞察到趋势的方向（相对大周期的走势，就代表了相对小周期的趋势方向）。所以，就算是做短线或者超短线，也是有逻辑性的，而不是瞎做、瞎追的。（本段主要讲看盘）

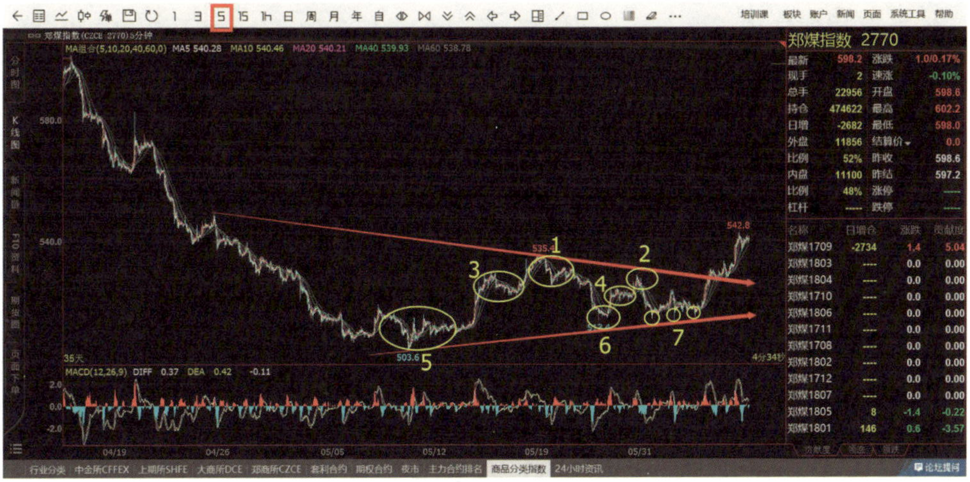

图102

还有，交易者本身要明白，自己的性格和时间等适合哪种交易取向。在不同的位置进单之前，就要明白，现在的进单位置，是在日线图形态的上下轨还是形态变盘释放后，还是在60分钟图形态的上下轨还是形态变盘释放后（再解释一次，虽然最后都是从60分钟图上轨的上轨、下轨的下轨进单，但要明白这个60分钟图的位置是有区别的。如果是在日线图形态的上下轨、变盘释放后，做的就是日线图形态；但如果是在日线图区间中轴上下位置处找的小形态进的单，做的就是60分钟图形态。什么符合条件的机会都没有，那就再看看5分钟图形态，级别一定要先分清楚，务必要有厚的阶段）。（本段主要讲进单位置）

在实际操作中条理清晰，明白自己所操作的是多大级别的行情，要持有什么级别的空间，要持有到什么位置（这也是为什么从一开始就要分清楚各个级别的原因）。是做日线图的中线行情（包括区间行情和形态变盘后的大单边行情），还是做至少60分钟图的波段行情（包括区间行情和小形态变盘后的小单边行情），还是只适合做5分钟图的短线行情（包括区间行情和小形态变盘后的小单边行情），以上就要从持有单子的时间上来判断了。（本段主要讲止盈位置）

总之记住三点：一是由大周期向小周期看盘，先分析大形态；二是现在行情所处日线图上下轨或变盘释放还是日线图区间（做60分钟图形态上下轨或变盘释放）中；三是根据第二个条件，决定持有的位置。

Section 4

第四节 做短线变波段及变中线行情的解析

【图形说明】

我们在平时看盘做单的过程中，不可能每次一看盘，就正好是那些很安全的做单位置，那些位置，绝大部分时间都是等待出来的，只不过有不同的情况：接下来最近的交易机会，是等待日线图的操作机会还是等待60分钟图的操作机会或是等待5分钟图的操作机会（肯定是周期越小，交易的机会越多，但止盈空间是有区别的）。除去这些安全的交易机会，其他行情不管怎么运行，大部分时间都是没有意义的。所以以下举例的，都是经过等待后，所处在适合做单位置的行情解析。

并且再说明一点，图103为60分钟周期图，等真正到达了图103所有进单

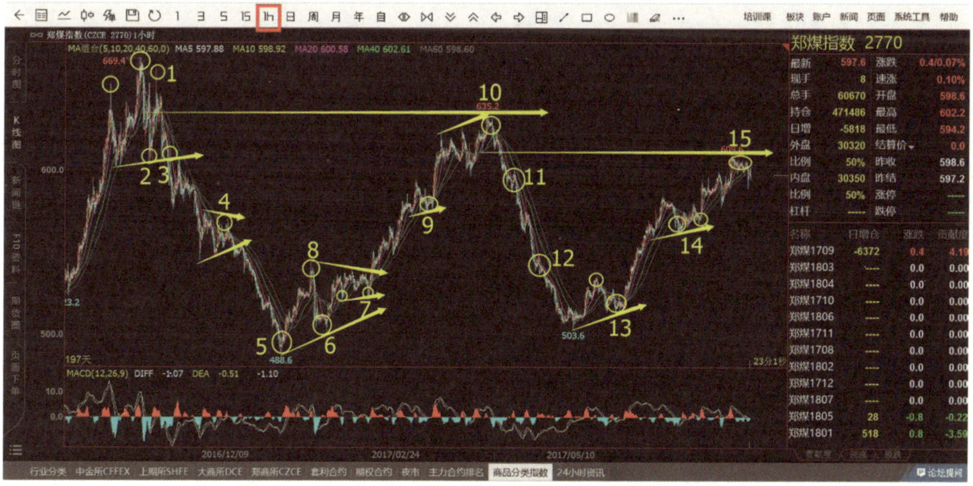

图103

位置处时，都是可以在5分钟图甚至1分钟图中去细致、清晰观察的。

1处含义为本来想上轨处做空，拿到小区间下轨3处就平了，但设完移动损后，现在是零风险，也许能拿到形态变盘向下，接下来这可能是一轮周线级的收复行情，相当于日线级的单边行情，还是要分批止盈后继续持有的。

2处含义为下轨处设损轻仓做了个多单到上轨了，但形态预期向下变盘，既然只想做个区间，短线就不能再持长了，只能到上轨1处就平掉绝大部分，剩下点单子，设个移动损就随它去了，再突破前高更好，如果被扫了，也是赚钱平的。

3处含义为三次底做多，但低多失效了，因为此60分钟图形态预期向下变盘。

4处含义为本来上轨做空，拿到小下轨相当于短线，但周线级的下跌收复行情还应该有些空间，小形态还应向下变盘，所以设移动损零风险拿着。

5处含义为这个位置相当于整个周线级上涨的第二个首次转头处，但同时也是这轮日线级下跌行情的第一个首次转头（8处为这轮下跌的第二个首次转头，一个是周线级的上涨行情，一个是日线级的下跌行情，级别不一样，分析角度不一样），接下来行情是继续向下，还是转头向上，是未知的，圆圈处的行情又是那么顺畅，就算在5分钟图及1分钟图中，形态也应该不大、不规则，所以这位置还是不要进单了。

6处含义为这个位置处也不是特别近损的二次探底做多单位置，如果非要做也是极轻仓，设前低点5处止损，但还是不做为好。

7处含义为此位置所处小形态的中轴左右。本来也是不做的，但是在7处第二个圆圈处时，也算个小二次探底，多单设损可以放在第一个小圆圈处，还是可以博取一下这个小形态向上变盘后的行情。因为预期这轮周线级下跌收复行情（日线级的下跌行情）差不多到位了，那么行情也许就会上涨，去构周线级大形态的二次大顶。所以也就是预期这个相对低位的小形态会向上变盘。所以也是尽量去做多单。

8处含义为行情从5处涨上来了，8处为这轮日线级下跌行情［周线级收复行情（从1处到5处）］的第二个首次转头，接下来的运行方向难以确定，这个位置不好做单。唯一有些确定性的就是，8处的位置是反弹到了前方4处形态的下轨阻力位了，有可能受到阻力而下跌。

9处含义为从大形态第二个首次转头到二次探顶多头运行过程中，圆圈处的位置为二次探底，可以做多单，止盈目标为左上方形态中轴左右。

10处含义为行情最终由9处到达了10处。这个位置着重说明一下——密集区中轴。在之前所讲的支撑位或阻力位知识点中，前密集区中轴是非常容易形成支撑/阻力位的位置（对于前面的密集区来说，分为两种情况。如果是一轮下跌行情后，前方的密集区就可能成为支撑位，受支撑的位置分为三种，上轨、下轨，另外就是中轴；如果是一轮上涨行情后，前方的密集区就可能成为阻力位，受阻力的位置分为三种，下轨、上轨、中轴处）。所以如图103所示，结合如上所讲，10处位置受到前密集区中轴阻力位，进而行情上涨到位转头向下，也就是常见的现象了。当然这里如果高位做空，通过行情不断地向下运行设移动损，终极的止盈位置还可能是周线级大形态的下轨（二次探大底）位置左右。

11处含义为圆圈处所处周线级日线图大区间形态内，从上轨到下轨一轮日线级行情的下跌过程中。圆圈处的行情过于顺畅，可以在5分钟图或者1分钟图中去观察是否有规则的形态可以进单。毕竟11处的位置，还算是相对高位的，那么就意味着行情向下运行的可能性大一些，利润空间可能多一些。

12处含义为同理如上。唯一的区别就是，圆圈处的行情所处于这轮日线级下跌行情的末期了，也将近触及前方小形态密集区的上轨处了，也许随时受到支撑。虽然进单方式类似，但从仓位的控制上，就要变成轻仓了。

13处含义同理于6处，但比6处位置好一点，离近损位较近一些，可以轻仓做多，设前低止损，依次设完保本损、移动损后，止盈位分别为日线图大形态中轴左右、上轨左右。

14处含义为此位置所处日线图大形态中轴左右，虽然中轴处小形态的预期变盘方向未知，但毕竟现在是从大下轨到大上轨的多头行情，所以如果有符合条件的规则形态、入单位置等，还是可以轻仓做多的。如图103所示，二次探底时，设前面小低点为止损，博取接下来的上涨行情。

15处含义为同理于圆圈处10，受到前密集区中轴左右的阻力，到这个位置，就算接下来再有高点，60分钟周期图中也应该有个小回踩行情。回踩的位置大概在14处第二个圆圈（右边）位置处偏上一点点（也就是说如果14处为小形态下轨的话，回踩到的位置应为小形态的中轴左右）。随后行情也许在14中轴与15中轴之间的区域进行震荡休整，例如再次出现二次顶底等，随后小形态再变盘，再选择大方向。

我们在看盘做单的过程中，无论是日线图的交易机会，还是60分钟图或者5分钟图的交易机会，都需要耐心等待，随后还需要耐心持有。

当然，以上所讲种种知识点的综合运用，其前提是大家全部都要先明白了才可以。有了知，才会有行。再提及一次，一轮行情释放得差不多了，全部平仓后，不要再想着继续去追赶还剩下的一点点末期行情，紧接着看行情又涨了或者又跌了，心里又痒了，就又去追高或者追空了，那么大概率会一追一被套或一追一被损，因为行情也许大概率快到头了，而是要耐心等待再次符合做单位置的机会；同样不要随便去做转头的行情，也就是抄底摸顶（其实这种情况就是属于做第一个首次转头和做第二个首次转头，尤其是60分钟图级别以下周期的）。

总之，每次进的单，务必都要符合进单位置的各种原则，不要着急，市场最大的仁慈，就是有源源不断的安全交易机会。

Section 5

第五节
如何理解MACD指标的分析及运用

【MACD底背离的意义】

如图104所示，在一轮下跌后的末期时，在到达支撑位或者区间下轨时，空头行情释放完全，MACD就会走出底背离的现象。

【指标特征的具体显示】

价格低点逐步降低，MACD的低点却逐个抬高，由此产生底背离现象。

【底背离能产生的影响】

一般在持续出现两次或三次底背离后，行情显示的空头力度会逐渐变为弱势，行情均会有至少的反弹要求。

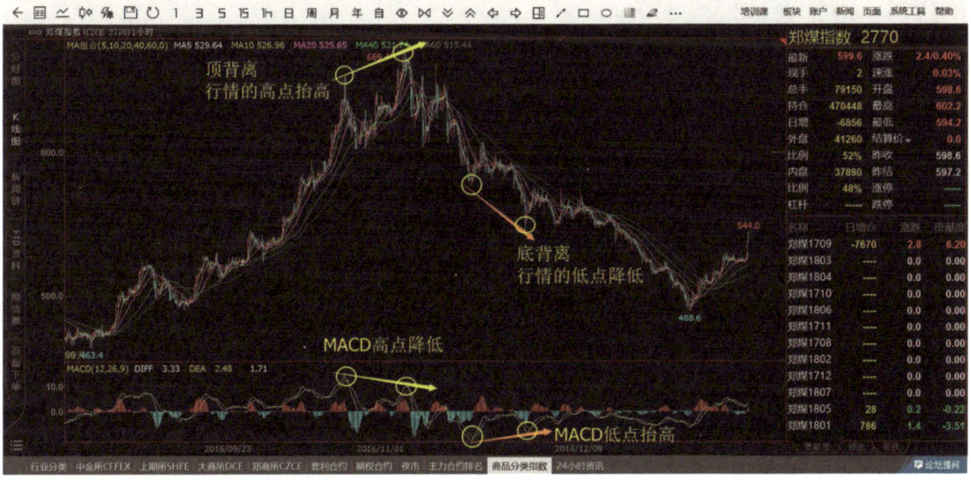

图104

【MACD顶背离的意义】

如图104所示，在一轮上涨后的末期时，在到达阻力位或者区间上轨时，多头行情释放完全，MACD就会走出顶背离的现象。

【指标特征的具体显示】

价格高点逐步抬高，MACD的低点却逐个降低，由此产生顶背离现象。

【顶背离能产生的影响】

一般在持续出现两次或三次顶背离后，行情显示的多头力度会逐渐变为弱势，行情均会有至少的回踩要求。

【图形说明】

顶背离一般在行情真的到达阻力位时，看指标才有意义，成功的概率才大。例如在震荡区间内，行情到达上轨受到阻力时。

但是，所处相对低位的形态向上变盘后的释放初期，或者单边释放过程中途，出现顶背离是很容易失败的，因为行情的趋势为涨，而逆趋势而为的顶背离一般都会被层层突破。

如图105、图106所示，结合以上所讲情况，发生在极为强势上涨行情中出现类似顶背离后，可能价格下跌的幅度较小，基本上只会有一个回踩空间，随后又会继续延续涨势，如果周期为60分钟图以上级别，至少的回踩还是有些利润空间的，周期太小，意义不大。

还有一种情况，就是虽然价格没有高点逐个抬高，但价格有两次高点或三次高点持平，MACD仍有高点逐渐下跌之势，那么也可以认为是顶背离现象。

当行情真正到达阻力位或者区间上轨时，顶背离才可以作为进行空单买入的参考依据。

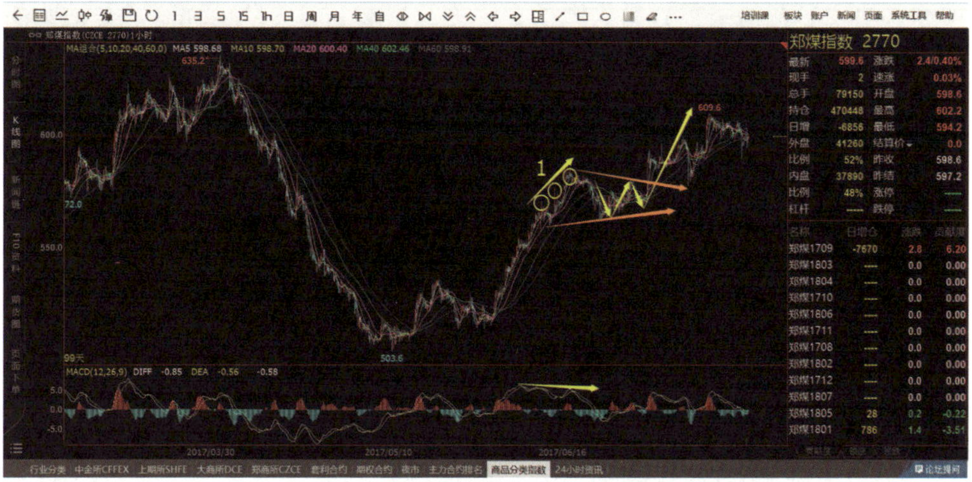

图105

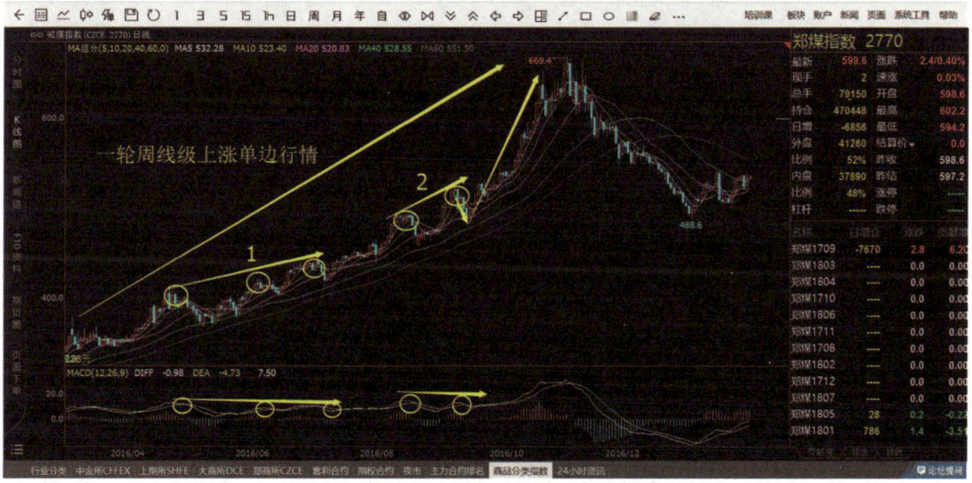

图106

【图形说明】

同理，底背离一般在行情真的到达支撑位时，看指标才有意义，成功的概率才大。例如在震荡区间内，行情到达下轨受到支撑时。

但是，所处相对高位的形态向下变盘后的释放初期，或者单边释放过程中途，出现底背离是很容易失败的，因为行情的趋势为跌，而逆趋势而为的底背离一般都会被层层跌破。

如图107、图108所示，结合以上所讲情况，发生在极为强势下跌行情中出现类似底背离后，可能价格上涨的幅度较小，基本上只会有一个反弹空

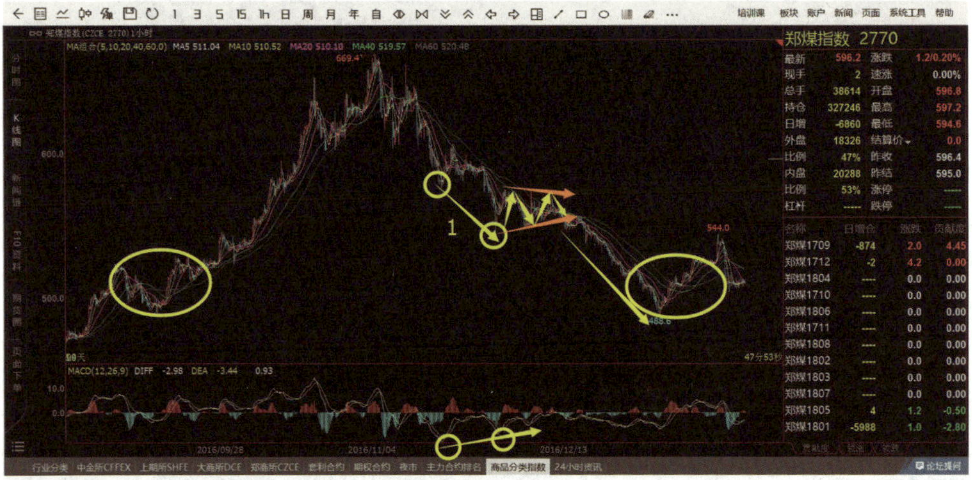

图107

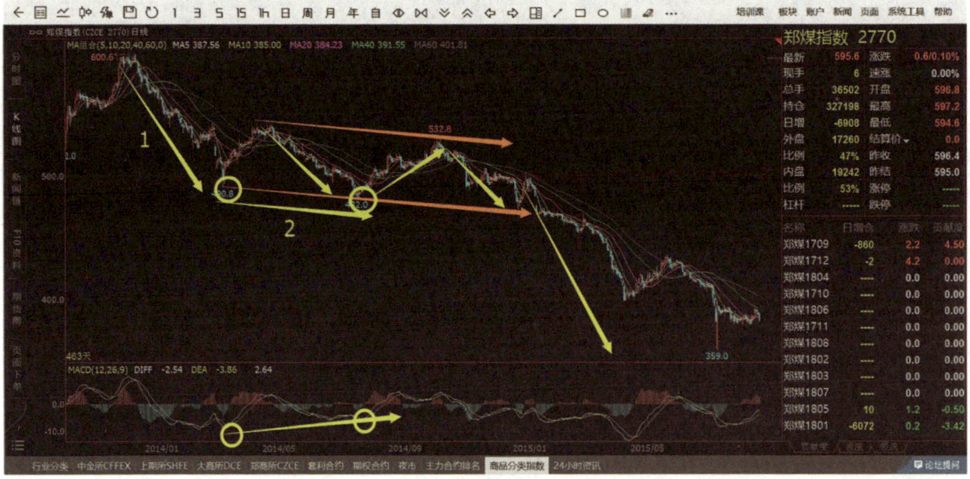

图108

间，随后又会继续延续跌势。如果周期为60分钟图以上级别，至少的反弹还是有些利润空间的，但周期太小，意义不大。

还有一种情况，就是虽然价格没有低点逐个降低，但行情有两次低点或三次低点持平，MACD仍有低点逐渐上涨之势，那么也可以认为是底背离现象。

当行情真正到达支撑位或者区间下轨时，底背离才可以作为进行多单买入的参考依据。

【图形说明】

如之前所讲，顶背离一般在行情真的到达阻力位时，成功的概率才大。例如在震荡区间内，行情到达上轨受到阻力时。并且一旦开始下跌行情，就仅仅是一个回踩了。如图109的1处，行情真正到达了日线图大形态的上轨处，产生了顶背离，一旦下跌，就又回到了大形态的前低点位置处。同样，由2处到3处，行情真正跌至了前方大支撑位处产生了底背离，一旦上涨，也不仅仅是一个反弹，而是最终又上涨至了大上轨附近。当然，这是区间内上

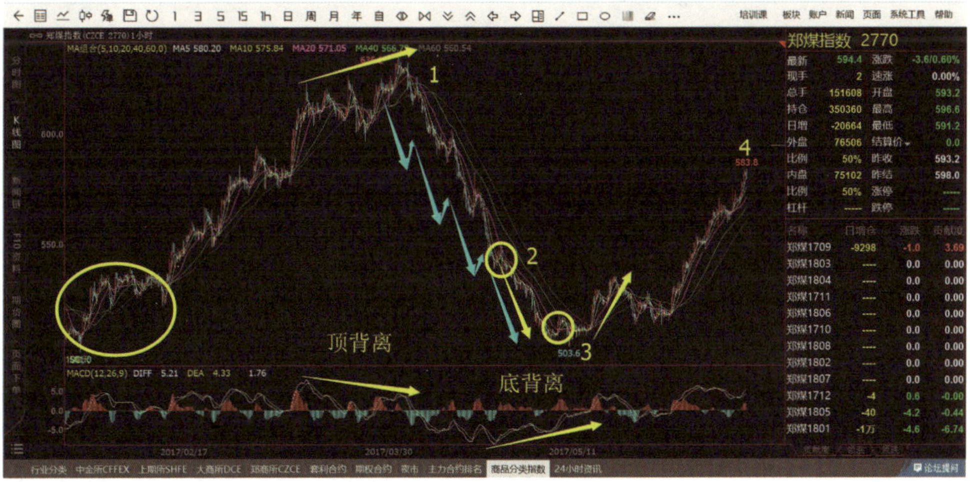

图109

下运行的行情，但是当日线图整体大形态震荡末期，快要变盘时，就算在大上轨处或者大下轨处产生了背离，也许仅仅是一个回踩就上涨突破前高上轨了或是仅仅是一个反弹就跌破前低下轨了，那时候背离也是会失效的，但是为什么失效？因为K线形态要变盘了，高空低多失效了，所以指标也好，指标的各种运用也好，包括背离等，都是辅助工具，真正的核心还在于K线本身的运行。

第七章
人性弱点在交易中的体现

导读

即使大家把以上章节所讲的技术知识和交易理念磨合到了一定阶段，但是我们在交易的过程中，也还会被自身的人性弱点所牵绊，从而导致不能稳定盈利，因为这是一个循序渐进的过程，着急不得。所以接下来列举了一些笔者在交易过程中犯过的错误，并提及了一些解决方式，希望给大家予以参考。

Section 1

第一节 未到就做 到了未做 过了再追

我们中的大多数人永远控制不住自己内心的贪婪，在丢掉合理的入场时机后盲目地追涨杀跌。没有耐心往往会导致过早进单，那么你就要经受市场的波动，因为此时行情尚未完全展开你所期望的上涨或者下跌，而这些情况你往往无法坚持得住或者你的止损位也不会让你坚持得住。并且如果设损空间较大，一旦被扫损，就会导致较大损失。如果设损空间小，又容易来回被扫损；如果过晚进单，趋势都已经启动了，区间内做单就又很容易引起追涨杀跌。以上种种，是缺乏耐心的培养，具体深层原因就是急于赚钱，迫不及待过早进单，担心失去最好的机会，在行动表现为过早进入，实则贪婪。后者进单过晚，深层原因就是怕赶不上这轮行情，还是急于赚钱，实则就是恐惧。这也就是为什么很多聪明人都赚不到钱的原因，看得太早的人，其实挺适合做先知，当然也很容易成为“先烈”，看得太早的悲惨案例太多了，意义更是不大，就如同过早介入单子。而如果趋势都被人看到的时候，其实趋势的意义也就没了，当真理都被大家接受的时候，真理就会成为常识，你已经没有任何机会和优势来成为一个领头者了，在这个特征里，我们做交易收获的东西又是防止介入过晚。唯有在人们尚未发现，而你却提前发现，等待位置到达后一击即中时，那你或许才能有先发性优势。这个度的拿捏，除了有一套操作系统外，还要打磨自己的心性，提高自己的忍耐力。

解决办法是，账户有钱，但就是不操作，就看着行情一个月。无所谓行情的涨或跌，无论出现多安全的交易位置都不要下手，更别说过早或过晚再去介入。这么做的目的就是培养耐力和克制贪婪、恐惧，无论多大的行情，就是让你做不上单、赚不到钱，只能干着急。长期如此循环，最后麻木了，着急的心理就会适当被克服，以后也就不着急追了。

Section 2

第二节 依据小周期做单　来回被扫损

大中小级别趋势相互矛盾混淆和刺激着大多数人的心理。一般投资者由于期货的杠杆作用，容易被小小波动所诱惑，因此特别想抓小区间波动，结果在频繁交易中就可能无数次陷入“陷阱”，而此时又带着不良的交易心态，从而很容易被市场无情地吞噬。一般的投资者总是喜欢对短期波动的行情做预测，因为有波动就意味着有价差，有价差就意味着有利润空间，为什么不做呢？然后忙于短期波动的交易，其实这样做只能捡些芝麻，并且结局大概率都是大亏小赚。投资者应该克服并抵制短期波动的诱惑，从大的形势去分析、去把握大趋势，才能从根本上做对行情、赚到钱。

形态的周期性越大，这个形态的稳定性就越高，同时也越容易按照K线的运行规律去运行，并且不容易出现上下扫单，同时盈亏比也越大，这就是操作大规则形态的优势。

操作的形态越小、级别越小，行情变化越快，随机性越大，越不容易把握，所以就容易频繁操作。操作越频繁，止损次数越多，所以综合下来，你的账户本金会越来越少。结果会导致不断的金钱损失，会使先前盲目自大的投资者走向另一个极端——因恐惧而频繁止损，即胆小而敏感。一点点的风吹草动，一点点不利的价格变化就使得投资者心理压力沉重，从而忘记了止损目标价位，盲目止损。可以说恐惧与盲目是相生相依的。

我们按捺不住自己内心的恐惧，在交易系统没有出现止损的情况下，人为地平掉了本可以大赚的仓位。其实，市场的波动是正常的，主力故意把价格打压至技术性止损价位的情况比比皆是。止损虽是必须的，但是胡乱地止损，相当于一刀一刀把自己给“凌迟”了。

关于盲目止损以及恐惧止损这两点，只不过会延缓本金的亏损，但改变不了本金赔光的结局，导致这种结果的原因，和操作形态过小有着密不可分的关系。

解决方法是，适当放大你的操作级别，对于一般交易者，建议至少做60分钟图区间和单边释放。级别大的好处在于可以减少你的操作频率，让你慢慢看淡市场的随机波动，同时盈亏比更高。其实，只要按照我们的交易系统来做单，进单的位置已经相对很安全了，盈亏比已经很大了，交易策略已经很完善了。所以，真的没必要被一点点小损或小盈利就吓跑，只需要按照交易系统心平气和去执行就好了。

Section 3

第三节　越买越亏　越亏越买　冲动交易　频繁交易　陷入疯狂

本节将重点进行说明频繁交易的弊端。道理很简单，做起来却很难，做交易的人都知道不能频繁交易，也知道频繁交易是大忌、是错误的、是应该避免的。我们一次次地告诉自己不能再频繁交易了，再频繁交易就扇自己耳光，但一次次又继续频繁交易。我们的思维、心情等随着市场价格的变化而变化。一会看多、一会看空，全然不顾原先的计划，频繁地在市场中买进卖出。显然，这种毫无章法的交易方式注定不会有好结果。新手如此操作的根本原因是没有明确的交易规则；老手虽然有交易规则，但模糊、不够细化，导致对交易机会似是而非。在价格上下波动、人容易情绪化的背景下，一些不是机会的机会就通通被当成了交易机会。

在实际操作中，人的情绪是极容易受到市场影响的，当市场走势与自己做单方向相反时，人容易转为悲观；当市场走势与自己做单方向相同时，人又容易过于乐观。情绪受到市场波动的影响，所以容易出现盲目追涨杀跌，或抄底摸顶。这就是所谓的冲动型交易。

对于大部分人而言，特别对于交易时间不长的新手而言，这是主要原因，也是根本原因。无据可依、无章可循，自然心乱如麻，你的操作跟着就会乱。如果没有严格的操作系统交易规则，无论多么信誓旦旦，下一次该犯的错还是会犯，在没有规则的条件下，去承诺要减少频繁交易，无异于痴人说梦。

对于许多老手而言，虽然他们多数已经建立了交易规则，但不够细致，不够明确。因此市场也会出现很多看似属于你、实际上却不属于你的机会；就当时而言，很难清晰地知道是否是属于自己的机会，大部分人都害怕错失机会，天生都有追逐利润的冲动，在让人疯狂的利润面前，人会忘记风险，选择利润，所以会出现频繁交易。大部分人都喜欢频繁交易，老想着挣钱，哪个品种有明显的涨跌就想买哪个，没有买就会产生错失利润的担忧。担心错失行情，为造成以上行为的根本原因。

大部分频繁止损的人都是重仓，轻仓交易是很少存在频繁止损的（除了以上所讲的走向了另一个心态极端——恐惧止损外）；也没有任何一个频繁止损的人，不是过度交易的，他们之所以频繁止损就是因为仓位过重，必须赶快止损，否则就会大亏损。止损之后，就是再次开仓，再次重仓布局，如此循环往复，乐此不疲。所以，频繁、反复的止损和重仓、满仓的交易以及过度交易三者相依相生。

其实说到底，造成以上结果的种种原因，是没有一套严格、有效、详细的交易系统和交易规则，这是一个大的约束。

如果交易系统不明朗，规则不明确，就会不清楚这个位置是否是自己的交易机会，再加上大部分人害怕错失交易机会，天生想追逐利润，所以在让人疯狂的利润面前，就通通都当成了是自己的机会。人们总是忘记自己究竟应该怎么操作，而完全被市场价格的波动所牵引。归其原因是因为没有一整套交易系统的指引与约束。所以，只能是通过时间的磨炼先有一套行之有效的交易系统予以约束自身，没有捷径可走。

除以上大前提外，冲动性频繁交易的主要原因也是因为交易者个人的修养、境界、认知、理念等达不到一定的高度，缺乏足够的自我控制能力，沉溺于短时间从市场波动中赚一笔大钱的想法而无法自拔。如果你心态平和，不急于一夜暴富，不急于挣快钱，又怎么会去重仓满仓、频繁止损，以及过度交易呢？急于致富或急于扳回损失，一定要耐心等待“大好机会”的到来，并对于高胜算、大利润空间的交易机会有所追求。

如果我们明白了期货交易是一种投资智慧加少许运气的脑力游戏，不是单纯靠勤奋和交易频率，就能取得回报的，那么我们应该会对交易理念有着重新的认知。不少投资者都有过度交易倾向，觉得一天不做单手就发痒，一天无单子，心里就空落落的。整天在市场上杀进杀出，弄得自己晕头转向，手续费交了一大堆，结果账面还出现负数。

如果我们懂得了所有的交易系统只能捕捉特定的一段行情，任何交易系统都不可能将所有的波动一网打尽，懂得做得多不一定收益就多的道理，我们还会贪婪地想拥有所有的利润而频繁操作吗？冲动性交易是一种短线交易，而且是超级短线。要明白这是毁灭投机者最快捷的途径。

如果我们深刻地理解了投资盈利的交易哲学，亏损只是我们捕捉成功的必由之路，我们还会不接受亏损吗？

正所谓“知易行难”，做交易就是自我的控制的过程。与之相关的是一个人的悟性、认知以及执行力。管住自己的手和心，只做高胜算的交易。首先明确自己的目标，把“知”明确了，才能做到“行”，以达到“知行合一”的状态。做到一定的境界后，技术只是一种工具，而心性的历练才是方向。悟性和修为，远比技术本身重要。

解决办法——

我们可以看出亏损的人都有一个共同点，那就是不按计划操作，都是过分把注意力放到钱上。我们可以采取方法对其弱化，将更多的注意力放在正确的交易方法上。当你把思想更多地放在交易方法上，就自然地会减弱对钱的关注。解决的最好办法就是先轻仓试探。当交易连续亏损，交易节奏紊乱时，及时停下来调整心态，是非常必要的，不然会越来越乱。就像跳交谊舞，一旦舞步踏乱了，总踩舞伴的脚，就只能就地停下来，等踏准舞曲节拍后再和舞伴起跳。

当出现大亏损后，很多交易者希望赶紧翻本，最后却越亏越惨，血本无归。其实这时候最需要的是离开市场，有一个疗伤过程，并总结造成亏损的原因。等恢复自信后，再返回市场也不迟。当交易状态异常时，及时罢手休整。相信每个人都有自己的“运气周期”，当某一段时间诸事不顺，感觉不好，伸手就被咬时，表明自己处于“背运期”，如果勉强做单交易，很可能接连失利。

当一连做单都不顺时，请适时休息一下，先离场，让自己放松。

其实，真正大的投资机会，每年也就那么数得清的几次，只有平时冷静观察，潜心研究，届时才能捕捉到机会。在期货交易过程中，很多情形下，都需要休息和调整。

Section 4

第四节

止盈过早　未持有后期空间实现利润最大化

我们在第一章讲到了长期持有的重要意义。在此主要讲解一下，如果短期内做不到长期持有的解决方式。

如果一位投资者每个月都查看他的投资结果，根据前景理论的效应，他的头脑总是提前跳到远处，想着虚幻的结果而忽略当下真实发生的事情，这是最大的荒谬。他将经历完全不同的投资感受，即使这是我们人类的性格弱点，但还是要想办法去解决，防止产生过重的消极情绪与过重的兴奋心理。

这种影响随着对投资结果的查看的频率增加而变得更加严重。这就使投资处于恐惧、贪婪的前景理论作用的危险循环之中。

当投资收益见好的时候，投资人可能很快微利撤出；在投资收益不好的情况下，投资人也可能做出过分反应。

这种在频繁查看收益情况基础上对市场的认知非常有可能是歪曲的，这也增加了投资人在贪婪与恐惧之间的两难境地，并且还可能做出错误决定。解决办法为，除之前所讲内容，等待在绝对损位置下单外，设置好正常止损，如果有小额盈利，设好保本损，如果已经有些许盈利了，就开始设置好移动损和设置好依次止盈位了。随后关电脑，愿意去做什么就去做什么。不看盘，不是对交易的不负责，只因为我已手持盈利单。只因为市场不会以人的多空意志为转移。我能保证在相对安全的位置进单，但至于市场给我多少，即使我有预期，但最终也是市场说了算。那么对未来的影响是，当一个人哪怕体会过一次长期持有所产生的巨大利润后，那么下次对于长期持有这件事，心理就会有胆、有底、有期望，从而就会在这方面想再次有所作为。

否则，没尝过甜头，永远都不明白其中的滋味。同时，一笔单子，因为长期持有，有了盈亏比比较高的利润，那么设置近损位止损也亏得起了。从而对下定决心设置止损这件事，也起到了推波助澜之效，因为以前没大赚过，所以止损，舍不得。但如果从市场上拿到过钱了，信心增加，舍弃点，又如何？同时谨记一点，不要把盈利的单子变为止损的单子，这就要求，保本位和移动损位，一定要及时跟上。同时谨记一点，设好止损后，就不要管了，不要价格还没到达止损位时，自己就受不了平仓了，这样也是心态极不成熟的体现。

Section 5

第五节 重仓交易

重仓在任何交易市场上都是万恶之首、万恶之源。所有的亏损、频繁止损、过度交易、贪婪的心态扭曲、眼中只盯着大赚盈利、看不到风险等不良投资习惯都和重仓有关。正所谓“万恶淫为首”，这“淫”就是对重仓交易的放纵、恣肆、过度、沉迷、上瘾、无节制。

毋庸讳言，每一个在期货市场能够短期暴利、一夜暴富，赚取几百倍、上千倍的交易者都是全仓杀入、浮盈加码。如果哪个交易者能够不重仓交易，执行资金管理，他实际上已经成功了一半，也就是说走完了一半的成功历程，最终的盈利已经不再遥远。

经常会有人在短期内创造暴利，但无数事实证明，基本上都是昙花一现。创造暴利的操作一定蕴涵着致命的风险，其成败皆源于此。但绝大部分交易者却会因急功浮躁、轻狂侥幸而对此丧失理智。孙子说，善战者无赫赫之功，善者之战，无奇胜、无智名、无勇功。意思就是说会打仗的将军不会承担大的风险，也不会耍小聪明，更不会逞匹夫之勇。所以，会打仗的将军往往都没有值得夸耀的战绩。例如晚清名臣曾国藩，就是这个说法的代表人物，他率领湘军剿灭了太平天国，他用“结硬寨，打呆战”的方式，集小胜为大胜，一步步将太平天国逼上死路，“结硬寨”就是挖深壕高垒保护自己，尽量不受损失。“打呆战”就是不心存侥幸，不投机取巧，有多少实力就打多大的战。曾国藩进士出身，对《孙子兵法》读到滚瓜烂熟，真正实践了善者之战——无奇胜、无智名、无勇功。所以在交易中不要试图一把豪赌，将本金翻倍，而是要试图努力怎么在不亏钱的情况下让资本不断地由小到大增值，也就是说先把盈利当成是控制亏损时的意外所得。善战者集小胜为大胜，最后完成战略目的；善交易者集小赢为大赢，最后达成财务自由。那些靠轰轰烈烈大搏杀、扛单等出名后的人们结局常常不好，你可以连续九次百分之百地赚，但只要第十次亏百分之百就会一无所有。最熟悉的例子就是炒股天才利物莫，他的好赌、满仓、重仓名扬天下，但一生破产三次，去世时一无所有。所以这同时也是教育我们，在某一时间段内如果有盈利就要拿出一些本金，拿零风险的盈利去做单，保存实力。

Section 6

第六节 不断更改止损

大家都知道美国有感恩节，感恩节是为了纪念印第安人用火鸡拯救第一批从欧洲抵达北美快饿死的英国人。野火鸡当年在美国是很多的。以前北美有这样一种捕捉火鸡的方法，猎手把一个笼子放在旷野之中，再把笼门卷起来，随后用玉米铺条路，让火鸡自然地顺着玉米铺成的路跑进笼子里，笼子里放的玉米要多一些，这样火鸡进笼子后就不会马上跑出来，一旦进入笼子的火鸡够了，猎手就触发机关放下笼门，这样很多火鸡就被关进笼子里了。接下来这个真实的故事被亲眼看见全过程的凯利先生写进了他的“投机心理”之中。

一天，一位猎手早上去查看他的笼子，发现笼子里有12只火鸡，在他放下笼门之前，1只火鸡溜出了笼子，猎手心想，“我手慢了些，但我等等，看看那只火鸡会不会自动跑回笼子里。”

在他打开笼门等那只火鸡回笼的时候，又有2只火鸡跑了出去，见鬼，他在心里暗暗自责，“刚才的11只火鸡已经很不错了，我怎么会又让2只跑了呢？”接下来猎手心想，“现在只要外出的3只火鸡有1只回来，我就关门。”

很快，又有3只火鸡毫无阻拦地离开了笼子，紧接着又是3只火鸡跑掉。直到笼子里只剩下最后1只火鸡的时候，猎手慌了，他的心里在叫嚣着，“我宁愿1只火鸡都不要，但如果有1只回笼子，我就关笼子拿2只火鸡回家。”

最后这位猎手空手而归。有一定的期货交易经验的朋友，读到这个故事时，都会发出会心一笑，因为这一种心理过程对他们而言是非常熟悉的，每个交易的人都会经历这个过程。例如600点的铁矿石做多单，定好了止损位是590点，但是当行情跌到590点时，你有没有想再等等，或许价格马上反弹，但是当行情又跌到580点时，你会不会拍着自己的脑袋说刚才真该按照定好的规矩做，接下来行情弱反弹几个点，你又对自己说等到590点肯定就走，但现在价格已经跌到560点了，你准备怎么办，是不是束手无策、毫无章法了？这时你会不会就发狠似地表示这次拼了就是不走，看会跌到哪里。当然，最后的结果一般都是市场中又多了一位交很多学费的朋友。

在原本设定好的止损价格到位时，就应该切实执行，在进入市场后，不断地更改止损是十分不明智的。在资金许可的情况下，很多时候，或许不执行止损可以逃过一劫，但是一旦养成了这样的坏习惯，万一有一次一去不复返的行情，只需一次，那么那次重创足以侵蚀掉你辛苦得来的所有获利；而更重要的损失是，当你不断地更改你的止损时，你失去的是重新入场的客观心情与机会。

盈利的哲学原理，致使人们不能接受交易系统中出现的小亏损，从而也就享受不到大幅盈利所带来的震撼。在交易中，亏损只是我们为了获得最终胜利所必须付出的成本和代价，它就像人类的呼吸一样自然。然而很多投资者在经历了几次连续的亏损后，往往会因为对未来不可预见的恐惧感，从而放弃了一套优秀的交易系统。一个成功的期货交易者必须要培养起正确对待亏损的认识和心态。只有你恰如其分地认识到了亏损在整个交易系统中的意义，才能在一种无压力的心态中进行当下的操作。除非你能够从交易理念上坦然接受亏损，否则你永远不会成为一名盈利的交易者。为了追求全局的盈利，你就必须接受暂时的亏损。我们做的只是一种概率。以上种种怪异的交易行为，都是因为投资者的交易理念不清晰，交易中的人性弱点需要修正。

期货市场的初段是勤奋和技艺，中段是智慧和心态，高段是人性和道德。懂得洗尽杂念、心如止水、克服所有人性的弱点才算拿到了盈利的入场券，而登堂入室还必须达到道德的圆满。绝大部分人之所以赔钱，最根本上是没有过好两关：第一，不明白走势选择的基础是与所有的人性相抗，只要你是人，在市场面前就会有弱点；第二，没有真正地了解自己，爱财自大，飞蛾扑火。如果你有幸进入高段，那只是盈利的起点，因为这仅仅意味着找对了方向，算是入门。接下来，如何有效地进行修炼和控制，才是高手过招的永恒课题。

第八章
期市杂谈

导读

这是个艰难且需要恒心的行业。交易者们要么全心投入，要么很快就从这行消失。有些人已进入期货市场，赚了一些钱，就认为炒期货很容易，但这些都是错觉，也许只是碰到了好运气。期货市场就是有经验的人获得很多金钱，有金钱的人获得了很多经验的地方，这个地方偶有斩获虽然不难，但要频频得手并非易事，而以此为生则是对自我和人性的全面挑战。所以，想从期货市场中不断地赚到钱，并留下来，就必须有知识、有经验，必须成为这方面的专家。

Section 1

第一节 做好充足的心理准备

首先，本着对读者负责的态度，我必须要和大家很客观地去谈接下来的这个问题。

一个人在交易之路上究竟能走多远，和一个人的悟性和个性其实是有关系的。

有人说，人的悟性和性格是可以通过学习和实践来改善的。我认为这样的理解是不全面的，因为——人的悟性和性格是与生俱来的，是具有极限性的。

俗话说：木分花梨紫檀，人分三六九等——很明显，就是每一个人的悟性和性格是有限度的和有差异的，不承认不行。而佛陀为了鼓励人，教人不要有分别心，但是，我们要了解佛陀的话语背后的真实意思。

回过头来，我们再来看一个人在交易之路上究竟能走多远这个问题。

每一个人，从事交易这件事，都是从懵懵懂懂开始的，没有例外，这是在交易之路上的第一步。

稍有悟性的人，在经历了一段亏多盈少的交易之路之后，渐渐觉得这样的交易行为不行，需要学习如何正确地交易——于是，开始学习交易。这是第二步。

走进了第二步，看起来比处于第一步的人进步了，的确是进步了。但是，更多的、更大的问题也随之而来了——学什么？因为，这个社会上关于交易的教育信息太多了，众说纷纭、莫衷一是。

交易，是一件非常有趣的事情——理念和方法多种多样，而且，即使是不合理的，甚至是错误的理念和方法也可以在某个交易事件上断断续续地赚到钱——这样就给学习者带来了混乱，不知道究竟该学什么，不该学什么。

在这个社会上，对真理的认知，只在少数人的脑子里。换句话说，社会上绝大多数流行的东西，和真理相比较，都是属于相对错误的东西，只是在量上有点差异——有的东西错得多一些、有的东西错得少一些而已。

对于真理，一般大众是没有鉴别能力的，尤其是那些初学者。在学习的过程中，由于真正对真理有认知的人很少，而且一般也不愿说出来（俗话说闷头发大财），因此绝大多数人遇到的只能是那些相对错误的东西，由于某个时候也可以赚到钱，就以为是正确的理念和方法。

经过一定的时间和实践，学习者就会发现问题，不能稳定盈利，又开始寻找其他的东西。一般人会有这样的想法：再学一点其他的东西，就可以弥补原来的技术的不足，这就是所谓的完善。如此，学的东西越来越多、越来越杂，原本干干净净的心随着多又杂的技术也变得越来越复杂，最终还是没有找到稳定盈利的方法。

能够走出第二步的人，是很少的，因为它需要一个人具有慧眼——而具有慧眼的背后是具有慧根。绝大多数人一生在第二步的路上徘徊。

具有慧根的人，渐渐地发现问题的根源在于“该学什么”和“不该学什么”——也就是要具有“明辨是非”的能力，不能人云亦云。这是第三步。

走到第三步，已经很不容易了。但是，在第三步和第四步之间，还存在着一条巨大的鸿沟，这就要看一个人的悟性有多高了。走到第三步的人，一定是有悟性的人，但悟性的高低有着差异。而更多的人也仅仅是在这一步上打转——他们想明辨是非，但是似乎在实践中不能真正做到。

走出第三步的人，已经开始有能力明辨是非了，但是明辨是非的能力是没有穷尽的，这就看每一个人与生俱来的悟性了。只有那些具有相对更高悟性的人，才能走入第四步。

有较高悟性的人，会走出第四步而进入第五步、第六步……甚至更远，但是没有尽头。

伴随着走进第四步后，一个人的最终的交易能力的高低不仅仅取决于一个人的悟性，更会依赖于一个人的个性了。因为，到了这些阶段，认知越来越成熟了，但是，交易是一件动手实干的事情，一个人要想把认知化作行动，就必须动手下单做实盘交易，而动手的能力是和一个人与生俱来的个性息息相关的。有的人做事果断，有的人优柔寡断，本质上这是不好改变的，能真正下苦功夫的人除外。

所以，一个人在交易之路上究竟能走多远，和一个人的悟性和个性是有极大的关系的。

不过，我不能仅仅从一个人的悟性和个性谈一个人与生俱来的素质和交易成就。心理素质，也是一个重要的因素。有的人，悟性极高，性格特征也极为果断，但还是成不了大事，为什么？

性格特征的最终发挥，是依赖于心理素质的。比如，有的人用几万元、几十万元做交易，可以做得很好，但是交易金额达到百万元、千万元，甚至上亿元，就不行了，这就是心理素质的问题了。原理是一样的、比例也是一样的，同样的行情，资金量大了就扛不住了。这时，一个人心理层面的东西就显露无遗了，他的格局、视野、人生观、价值观等就决定了其在交易这条路上此生能达到什么样的高度。所以本书中，笔者先从要拥有正确的交易理念开始，从学什么、怎么学，到学习明辨是非的行情解析能力、操作系统的执行能力，之后再对生活中对于心性的培养与心理素质的建设等，一步步，都是想以交易的完善与人性的感悟为综合出发点，来尽最大的努力，让读者朋友们，在交易与人性的关系上，有一个全面的参考与认知。最后到达知行合一、融会贯通的境界。

这是个艰难且需要恒心的行业。交易者们要么全心投入，要么很快就从这行消失。有些人已进入期货市场，赚了一些钱，就认为炒期货很容易，我要说这些都是错觉，也许只是碰到了好运气。期货市场就是有经验的人获得很多金钱，有金钱的人获得了很多经验之处，这个地方偶有斩获虽然不难，但要频频得手并非易事，而以此为生则更是对自我和人性的全面挑战。如果谁认为他能在期货市场中一炮打响、一飞冲天，真的是有些为时过早，就算他运气好，一进场就能捞一笔钱，这笔钱来得容易，但是人的贪欲是无限的，在游戏的初期，根本控制不住自己的欲望，所以只是市场暂时借给他的，如果不立刻收手，那么市场迟早会向他讨回几倍，就像赌场一样，不怕你赚钱，就怕你不来。所以，想从期货市场中不断赚到钱，你必须有知识有经验，必须成为这方面的专家。

对还未入行的朋友来说，炒期货是压力极大的行业，所以想踏入此行业的人，要有足够的心理准备，因为赚钱时你不知道自己为什么赚钱，你也不知道下次要怎么办才能再次赚钱。亏钱时，你也不明白自己为什么亏钱，下次要怎么做才能防止亏损再次发生。这在心理上必然会产生极度沉重的压力，带来忧虑、期待、恐惧和贪婪等复杂情绪，是难以用笔墨形容的，你觉得自己失去了控制，在期货市场的海洋中漫无目的地漂流，不知下一站是何处。解决这一问题的唯一办法就是不断地在市场中磨炼、学习，慢慢培养自己对市场的感觉，不要跟风，一定要建立自己的操作系统。并且，当成果和努力不直接挂钩的时候，一般人总是会松懈下来，这是要不得的。毕竟我们所从事的不是今天搬一块砖就赚一块砖钱的工作。那么最后，就是要热爱你选择的行业，如果你不热爱这个行业，只是追求金钱，你很快就会发现交易很单调、无趣，赚钱也都不如你想象的容易。以上种种问题，我也希望大家可以在这本书中找到解决的答案。谨记，市场的走势从来都没有错，它总是在走自己要走的路，会出错的只有你自己。你所能做的只有追随市场的走势，见到危险信号不要三心二意，不要存有幻想，把单子全部出手，如果不是适合自己做单的位置，那么就按兵不动，几天之后也许一切又恢复正常，你一样可以重新找到符合自己的入场位置。如果这样做，你将发现你会为自己省下很多焦虑的心情以及学费。华尔街流行的说法是这样的，你在铁路轨道上漫步，见到火车向你冲来，你该怎么办？你自然应该闪到一边，待火车离去后，你随时还可以重新踏上铁道继续行走，迟疑不决，会危及生命。在期货市场中，所谓的生命就是你交易的生命。

到最后你就能体会到成功的感觉，按规则行动是愉快的，不按规则行动是痛苦的。刚学知识的时候亏钱总是痛苦的，随着时间的推移，你经历了小损成为大损的过程，其间一次又一次的焦虑、怀疑、失眠，总有最后一次，你终会对自己再也忍无可忍，那么从这次开始就会逐渐形成快速止损的心态，开始时定下的止损规则显得难以执行，慢慢地成为下意识的行为，一旦行情运行不对就会采取止损的行动，否则就会寝食难安，这个过程就是你学习交易的过程。当然后期也许还会一旦有风吹草动就寝食难安，因为一点小的损失都不能承受，所以就会出现因为恐惧而导致快速止损的过程。所以，不止损与恐惧止损这两种极端都需要克服，需要磨炼出很多和人性逆向而行的心态。还有一个大前提，就是你首先要明白有什么样的内容要去克服，例如我们在交易的过程中，会出现不愿止损，喜欢占小便宜、犹豫不决或拿不住单子等心理问题。然后，你就要开始下意识地训练自己别犯这些错误了，如果犯了，就告诫自己下次别犯同样的错误。为了做到这些，就要在交易中不断地磨炼自己的心智，不断地观察，不断地反省。甚至不断地在生活中严格要求自己。试想，如果我们有着正确的交易理念，有着一套完善的操作系统，还剩下一个严格执行，一次不行，磨炼两次，两次不行，磨炼三次……只要严格遵守交易原则，那么还会出现不愿止损、犹豫不决、随意操作吗？我相信不断打磨，终有一天会有所成。

从事交易行业，你要给自己这样的信心——只要你全力以赴，专心致志，什么都能学会，什么都会做得到。对这行了解得越多，从中得到的乐趣也就越多。俗话说知识是享受，交易的知识也不例外，而且这些知识除了精神享受之外，还能提供财务上的收益。说了这么多，不去做的话，是没有用的，这个世界有很多满脑子幻想但从不实践的人，也有很多埋头做事却从不幻想的人，只有那些满怀理想又努力用实践来实现这些理想的人，才可以有所作为。虽然这些人少之又少，但是只有这些人才会是生活中真正的成功者。他们把每个失败和挫折都当作前进路上不可避免的障碍。笔者的亲身体会是，人只有在一段时间内的压力区间中，才会完成这辈子最重要的那么几件事，或者别人永远不可能完成的那些事情。当时身边有很多人对我有着善意的提醒，不要把所有希望全抱在这一件事情上，也要想着有没有别的出路等。我明白，大家是为我好。但我告诉他们，当你告诉自己，现在没有任何出路，而这一条路才是你唯一的活路时，那么你才能拿出平时百倍、千倍的努力与坚持去克服一切苦难，人们所说的绝处逢生，就是只有当你处在绝境了，才能勇往直前，只有处在绝境，你才能克服一切并坚持下来，才能达到别人难以企及的高峰。

所以要感激障碍与挫折，是这些困苦让人去进步、去超越、去战胜自己。每个人都希望自己有一天能出人头地，拥有精彩的人生，然而很多人一辈子庸庸碌碌，不仅没有任何作为，反而活得一塌糊涂，这样的结果往往是自己甘于平庸的心态所造成的。如果一个人能够超越自己，不甘于平庸，那他就很容易获得成功。碌碌无为的生活会使人的精神和意志常常处于麻木与半麻木的状态，犹如待在没有星星与月亮的黑夜，没有风，没有鸟，甚至连一点儿声音也没有，周围一片死寂。只有不甘于平庸，不满足于现状，才会对生活有所追求，才能使人热血沸腾，干劲十足，才会使人加倍努力。人的一生是平庸还是卓越，看你怎样选择，如果没有理想，没有事业心，那就只能庸庸碌碌地度过一生。有不少二三十岁的年轻人，很聪明，很能干，也很自信，却无所作为，原因就是不想干。一个不想获胜的人，永远不会在人生中得到冠军。

还要说明一点，在你努力的道路上会碰到很多嘲笑你的人，嘲笑别人很容易，要让他们自己做出一些小的成就，却非常困难。那些喜欢嘲讽的人几乎没有例外的是生活的失败者、碌碌无为的混日子者，对这些人的嘲笑，你必须要一笑置之。

我希望将来我的子女无论从事什么职业，只要他们喜欢就好，但我希望他们拥有可以不用求人的一技之长。按现在这个社会大环境来说，几乎所有的工作都是离不开交际的，大企业家有大企业家的难处，小市民有小市民的无奈。但是学习交易就不用求人，虽然学习交易很不容易，但想想如果能用3~5年的时间来换取今后的富足，拥有不用求人的一技之长，你就应该能明白：忍人之所不能忍，方能为人所不能为。真心希望大家能登堂入室，功成名就。

明白了上述从开始到最后所要经历的心理过程后，接下来给大家讲解一下在实盘过程中，我们需要明白的一些道理和可能遇到的一些问题及解决方法。

Section 2

第二节 谨记四种不行

在交易市场中，无论是期货还是股票或是其他有K线图的市场，见到一点点利润就跑不行，见到一点点亏损就跑也不行；有了大利润不走一些不行，等有了大亏损才走也不行。进单后，不管是盈利还是亏损状态，忘掉你的入场价格，那可以更加客观持有，而不是赚了点或亏了点就想跑。它接下来该涨或者该跌，我现在是赚钱还是亏钱状态都无所谓。止损位已经设在了那里，止盈位也设置在了那里，其他就都不要管了，不要以你的进场价为天平的中心点，一会向左一会又向右不断地倾斜，只以事实行情运行为准则。

Section 3

第三节 克服恐惧心理

单子不敢长期持有，就是恐惧心理。一是技术上无信心，二是心理上也许因为上次以亏钱收场的惨痛经历，所以这次要避免同样的伤痛，技术方面、心态方面就不管不顾了，就不以行情为中心而以自己的主观想法为准则了。所以本应该获得一万，却只得到了一千。并且人们对没有赶上行情的恐惧和失去赚大钱机会的担心，常常导致没有耐心，然后在不是好的位置进单，以致后续造成一连串失误。

解决办法就是一是轻仓，降低内心的情绪波动。二是通过移动损持长，有了移动损，心里就有了不会亏钱的底。三是多观察一些品种，明白机会永远都不会完。其实恐惧的根源性也是贪婪，恐惧和贪婪相互相生的。要想，大不了这钱我不赚了，反正机会多得是。总之，安全的位置我才进单，进完单后我还要设移动损持长赚更多。越这样想，才能得到相应的收益。

Section 4

第四节 关于锁单的问题

先问有过锁单经历的朋友，什么情况下你会锁单？是不是在心理承受不住了，再不采取措施，就会大亏损，就会爆仓？我相信此种结果占比百分之九十。剩下的百分之十就是，有一点小亏损都受不了，草木皆兵，只要下单后没赚钱，立刻就反方向做上。那么再说结果，先说前者，如果处于锁单状态了，那么肯定会面临解锁。怎么解？肯定是想在哪个支撑位或者阻力位把一方的单子出掉，然后留有一方。你能拿得住剩下这个方向的单子吗？几乎拿不住！为什么？因为本身你的仓位就很重了，你是在仓位很重的情况下，亏损已经很大的情况下，心理承受不住的情况下锁的单子。所以就算解开了，就算明知道，接下来行情向你持有单子的方向运行的可能性大，但是接下来行情哪怕再反方向运行一点点，也会真的承受不住的。最后在战战兢兢中，你可能把剩下的单子全部平仓。那么这将导致，因为解完锁后行情又反方向运行了一小段，再加上仓位重，所以在你全部平完仓后，将会损失的更多，大家仔细思考下这个过程。再说百分之十的后者，前几章节已经认真分析过，我们需要做的，只是在绝对损位这样预期强的位置做单，要么就赚，要么就小损。否则，进完单子，一点点亏损又锁上了，随后再解开，然后有小波动受不了了再锁上，那做单还有什么意义啊，一点小亏都吃不了，一点都不能付出，怎么可能有大的收获机会呢？况且我们的进单位置已经是近损位绝对损位了，我们做的位置已经预期很强了，我们已经轻仓了，都已经做到这个程度了，所以怎么走就随它去好了。所以，锁单的前因和结局就是这样，只能带来自我安慰的过程，却大概率改变不了亏损的结局。

Section 5

第五节　关于保本的方式

做到保本的办法只有两个，一个是止损空间小（体现在进单位置），二是别一次下注太多，虽然盈亏同源，意思就是说，例如我花1万元买1手可以赚1000元，花10万元，买10手就赚1万元，虽然概率相同，多做就赚得多，少做就赚得少，但是首先要以控制亏损为大前提。之前也不止一次谈过，例如万一如果这次买的手数比较多，被扫损的话，那就是大损失，那么这样就违背了保本第一的原则。

有的交易者有盈利后，贪婪性大大加强，又重仓加进去。一个典型的表现就是在加仓上。例如当时买了10手单子，然后按照自己的预期方向进行了，交易者就会在内心指责自己，为什么开始的时候不多买一些？然后开始幻想着行情，还会沿着你所预期的方向继续进行，那么你就会把大部分的本金再去重新投入到这个品种上，更别再提什么分批止盈等正确的做法了。所以一旦重仓加完仓之后，就意味着成本位的改变，行情一旦稍微反向，就会导致你由原来的有利润变成倒亏钱，这时你慌了神，失去了思考能力，贪婪开始慢慢地变成希望，你希望这只是暂时的，但是亏损却每时每刻地增加，也许会有几次运气好一些，但是用不了多久，终会有一次面临着大亏或爆仓的风险。

要明白，致富不是仅仅靠这一次行情就可以的，不要玩命于这一次。贪婪会使人忘记风险，不要总是幻想着行情按照你所下单预期的方向进行，从而忽略了行情相反走势的风险，如此才不会使本金处于冒险的风险之中。

Section 6

第六节 关于预测的问题

没有人能真正预测到市场的全部发展过程，但我们可以用相对正确的分析去接近市场的真实，但最终走势只有市场说了算，所以我们在交易的过程中务必加上合理的防范风险策略，也就是止损。同时，不要说对市场没有预测，对我们的交易没有预测，或者说什么只是去跟随着市场的走势才去做单。因为接下来的行情，你为何做多，你认为行情属于上升趋势，或者你认为接下来行情将继续延续趋势，或者你觉得上方还有运行空间。然而，这一切，都离不开“你认为”。所谓的“你认为”就是一种预测，行情做的就是未来、就是预期。所有针对未来所做出的判断，在我看来都是预测。

Section 7

第七节 关于操作品种的问题

如果上山的路有很多条，我想我肯定会选最好走的那条，而没必要在不好走的路上浪费时间，浪费精力，还要防范着各种各样的风险。同样对于操作来说，市场上有很多言论说，只操作一个或者最多几个品种，不要哪个品种的钱都想赚。对这点，我是不完全认同的。举个例子来说，有的人能一次扛一袋大米，但有的人一次却能扛两三袋大米，也许大力士一次还能扛四五袋大米。然后只能扛一袋大米的人就对其他人说，不要扛两袋，那样对身体不好，那样会筋疲力尽，等等。但他忽略了一个道理，他做不到，不见得别人也做不到。这取决于每个人的身高、体重、爆发力、持久力等。同样，交易上的区别，取决于一个人的交易规模、交易系统、交易心态、硬件设施等。如果只操作一个品种，对耐心的要求会大大提高，我们以一个规则的区间震荡行情举例。简单点说，接下来要等待上轨做空，如果只做一个品种，你只能等待那个品种到达上轨安全的绝对损位置才能做，但也许等了很长时间，它虽然即将到达上轨，但还没有到你的安全的绝对损位置。那么，现在做吗？如果这个位置做了，你要设上轨处为止损位，那就意味着止损空间大，一旦扫损，就可能产生较大的亏损。如果不做，这个位置也许就成了最高点，行情接下来就可能转头了，甚至到达下轨后又跌破向下，那么整个形态一旦向下变盘，这个大行情就几乎没抓住。其实你的心里会明白，如果这次没抓上的话，之前的时间也就白等了，因为我们也要赚钱、要生活，这是正常的心理，没法克制。所以，进单位置不精准，现实与人性的综合碰撞，只会对我们的操作产生负面作用，会使我们在此情况下非常矛盾。常常在做与不做之间徘徊，反而对我们耐心的培养，起到很差的负面作用。既然压制不了内心的弱点，我们就转移一下矛盾。如果操作的品种多了，你就会知道机会太多了，就算一个品种一周出现一次安全机会，十个品种，一周就是十次符合我们的较安全的操作机会。那就意味着绝对损进单位置的机会就多了，潜意识中你就会对自己说，这个品种位置不行，也许那个品种的好位置马上就会出现，大不了就做那个，即使那个不行，还有下一个。你如果知道机会多的是，就不会急了，操作成功概率大，盈亏比大大提高，因为你操作的，都是绝对损的位置。因为我们的操作系统就是只需要找到规则的、较大的形态就可以了。那么我们只需要多几台电脑，同时观察一下，一开始看盘也许不习惯，但熟能生巧后看盘自然会游刃有余。就拿笔者来说，一开始也是一台电脑，随后开始用6个屏幕的电脑，最后用到了4台主机24个屏幕，再加一台笔记本。我需要这样，我适合这样，所以就会感觉很好，看起盘来井然有序，所以什么都是靠习惯的。如果我观察的这些品种，不符合我的我都不做；符合我的形态，符合我的做单位置，我都可以做上。那么相比较，我只操作一个品种，安全的位置多年才出来一个，就算等了好久终于出现了，但这个位置又不怎么安全，又让我犹豫不决，比起这样，操作多品种不是要好很多吗？刚才我们举例的是区间行情。同理，如果是单边释放行情，也是多品种与单品种间关于操作位置的安全机会的多或少的问题。以上是我的想法，最后主要还是看大家的操作系统和硬件设施是否支持多品种操作。

Section 8

第八节 关于进单手数的问题

就算做单的手数再少也要两手以上。有些朋友操作初期入市资金不多，那么就不要做保证金高的品种，例如焦炭，橡胶等。这些品种一是波动每个点数盈亏过多，导致内心波动加剧。二是保证金会不足以买卖两手以上。进单两手以上的原因为，如果买入的单子盈利了，到达了一定的位置，例如做区间行情，在上轨做的空单，到达下轨时，就可以平一半，剩下的单子设个保本损或者移动损零风险地去博取整个形态的向下变盘。如果只有一手，当到达下轨时，如果不平掉，行情到下轨可能转头向上，从而使盈利回吐。如果平了，万一行情又跌破下轨继续向下运行，就又会考虑重新进单的问题。但再怎么样，这时在下轨左右处进的单子也没有你在相对上轨处进的单子安全。

再举例，做形态变盘后的单边行情也是如此。持有两手以上的单子，到了第一目标位，可以平一半，剩下的单子零风险去博取接下来可能出现的行情空间。但如果仅有一手，是平还是不平？如果不平掉，行情有可能转头向上导致利润回吐；如果平掉，接下来行情继续向下运行的话，除非再追单，否则那大空间的利润也许就赚不到了。虽然可以再追进去，但进单位置也越来越不安全了。所以，为了不让自己处于被动状态，为了使盈利最大化，一定要至少两手以上分批止盈设移动损为做单方式。虽然我们要以保本为先，但是该赚没赚也是亏钱，只有合理的交易策略才能保证盈利的最大化。

Section 9

第九节 关于为什么只做形态

首先大家要明白什么是K线组合。K线组合就是指几根K线组成的小形态，例如阳包阴、阴包阳、希望之星、黄昏之星、仙人指多、仙人指空、串阳组合、串阴组合、多头加速、空头加速等（这些基本的K线组合及其意义在网上和书籍中都可查到）。我们都明白，行情相对来说只分为区间形态和单边释放行情，那么K线组合可能出现的位置就在区间形态的上轨、下轨以及中轴左右，单边释放初期、中期、末期等。不同的K线组合出现在不同的位置处产生的意义或成功的概率是不一样的。例如阳包阴、希望之星、串阳组合、仙人指多等预期多头意义的K线组合出现之后，都是预期行情继续向上运行的可能性大。但如果这些K线组合出现在不同的位置，那么成功概率的大小就不一样了。例如，以上这几个预期多头的K线组合，出现在形态的上轨，但因为接下来行情预期向下运行的可能性较大，所以也许失败的可能性就较大。但如果出现在形态的下轨，接下来行情预期向上运行的可能性较大，那么也许成功的可能性就比较大。再例如，如果一个形态预期向上变盘，并且此形态已经到休整末期了，这些K线组合又所处上轨，极有可能这次行情就向上变盘了，那么就导致以上的K线组合成功预期上涨。

同理，以上列举的这些预期上涨的K线组合，如果出现在此形态向上变盘后的一轮单边上涨途中，那么接下来行情继续上涨的可能性就大一些。但是反之，如果出现在此形态向下变盘后的一轮下跌途中，那么此类多头形态失败的可能性就较大，因为是逆势而为。同理，以上的阴包阳、黄昏之星、仙人指空等预期空头的K线组合，是一样的道理。由此谨记，K线组合不重要，所处大形态的什么位置才重要。

接下来再说明一下，K线组合与K线形态的关系。在此先总结性地说一句，其实一个周期内出现的K线组合，就是由比它小一级别周期图的K线形态构成的。例如日线图一个仙人指多，其实在60分钟图中就是一个V字反转。在日线图中出现阴阳线交叉，在60分钟图中其实就是个箱体。在日线图中一个黄昏之星，在60分钟图中其实就是一个倒V字反转。再例如在日线图中出现三四根K线的串阳组合，其实在60分钟图中就是三个上涨浪形等。所以，K线组合就是由相对小一级别的K线形态构成的，K线形态又形成了相对其大一级别周期的K线组合。

理解了以上所讲的内容，我们只做形态的原因就明朗了。举个例子，例如在日线图区间下轨处出现希望之星，但如果做K线组合，那么只能等收完了长下影随后日线图再收小阳线时，才开始进单。但是如果你做形态，在到达日线图区间下轨处时，就可以切换至60分钟图形态中，那么在触及下轨的下轨的一刹那，就可以在60分钟图，甚至5分钟图收第一根小阳线时就做多，而这个位置，才是真正绝对损的位置。

这样，大形态到了重要位置处，再在相对小周期中去操作，就能确保做在绝对损位置上。大家要明白，做的价位离下轨越近，一旦出现扫损，你的损失就越低。如果等到日线图都收了长下影又收了阳线，随后再去做单，那么势必你的进单位置会较前者更远，设正常止损的空间更大，一旦被扫损，就会导致较大亏损。

大家可再仔细思考一下以上所讲内容。同时，这也是左侧交易与右侧交易的区别。

还需要再明白两点。一是在同一个周期图中，形态越大，震荡蓄势越久，一旦变盘，爆发力就会越强。尤其是周线级日线级别的大形态。二是在不同的周期图中，例如日线图和60分钟图，出现同样大小的形态，但肯定日线图中的形态显示在60分钟图中更大，操作更有价值。所以，通过以上所讲内容，希望大家明白操作形态的意义在于——它可以让我们更加先知先觉。

Section 10

第十节 获得较大盈利的途径

希望各位读者能明白，不见得非得通过重仓或者扛单的方式才能获得较大的盈利。我再强调一下两者的危害，重仓——在行情中最直接的体现就是，就算在比较好的位置进单，但一旦被扫损，因为仓位重，也会导致很大的亏损。当然必须要承认，如果能做对方向，也会带来比较大的收益，但权衡两者，我们还是应该以保本为第一原则。那如果扛单，就更是了，一旦遇上一次一去不回头的行情，如果再不断地加仓，那最后只有大亏损或者爆仓的结果。所以两者都是不可取的。正确的做法应该是，第一，操作形态较大的行情，通过分批止盈设置移动损来零风险博取较大的行情空间，通过持长，使收益最大化。第二，行情不断释放，通过已有盈利适当性加仓。例如在上轨做的空单，随后行情到达下轨，之后整个形态向下变盘跌破下轨，我们明白接下来行情还有很大的运行空间，这时手中上轨处做的单子已有利润，那么形态变盘初期、中期，又出现了符合我们的做单位置后，就可以通过加仓，设置保本损来零风险持有，从而实现利润最大化。

Section 11

第十一节 不要让盈利变为亏损

举个简单的例子，如果你认为这个行情是周线级或日线级的较大行情，不管是区间行情还是单边行情，有可以大空间赚钱的机会，那么就要注意，在尽量博取利润的同时也要防止已有的利润再次回吐。

例如在铁矿石600点进的多单，设止损位为595点，现在行情已经到620点了。接下来我预期行情可以到达650点，那么这个位置我就肯定要设移动损了，最差的也要把损位移到600点的成本位，而不是还设在595点。因为行情如果真的都下来那么低了，那么极大概率不是回踩，而是真跌，也许后续还会出现大低点。其实移动损最合适的位置可以放到610点。有的人会说把移动损位设得再近一些的话岂不是更好？也不是的，因为设得过于近，例如设到618点，那么就相当于不给行情一个正常回踩的空间，就会非常容易被扫。那么一旦被扫了，行情有可能再次上冲到一个很高的价格，再追进就不安全了。不追进，那么也许就失去了赚大钱的机会。或者把620点设为第一目标位，把650点设为第二目标位，那么也可以在620点时分批止盈一部分，剩下的设移动止损位。

Section 12

第十二节 摒弃各种复杂的技术指标

现在有很多系统交易者，同样就产生了无数的技术指标，从趋势到摆动再到强弱型指标，不计其数，很多交易者尝试了无数指标，均线、MACD、随机指标KDJ、相对强弱指标RSI……甚至很多人开发了很多“傻瓜系统”，自动发出买卖信号，但最后绝大多数效果都不理想，同时耗费了大量的时间、精力、金钱成本。

你要相信，没有一套放之四海皆准的指标，如果有，那真成了“提款机”了。不要痴迷于技术指标、行情分析，因为很多指标是互相冲突的，各种分析方法也是冲突的。并且要明白主次矛盾，是先有的K线运行走势，才出现的指标运行走势。任何指标都是滞后于K线运行的。

Section 13

第十三节 只做属于自己的行情

当巴菲特在1969年认为便宜的股票已经很难找到的时候，他决定暂时离场，当时他是这样给投资人解释的："我对现今的情况有失落之感，但有一点我很清楚，我只会使用我所熟悉的投资方式，这样做或许会失去一些巨额且容易盈利的机会，但我不能使用我不熟悉的投资方式，因为这很可能导致巨额的损失。"一位优秀的投资者只有在获胜概率很大的情况下才会将资金投入市场，巴菲特便是其中的佼佼者。由此谨记，只做符合自己的行情，不要贪。如果能把符合自己的行情都抓住，那都能进福布斯富豪榜了。

Section 14

第十四节 如何运用加仓策略

我们在此讲的加仓策略，不是指被套了一直不认亏，而是在一定的范围内，例如没突破上下轨区间时来灵活运用。就像不要草木皆兵，一风吹草动有点亏损就吓得跑了一样。其实在第五章仓位的分配问题上已有些许讲解，在此再进行一下拓展说明。

具体理解方式为，例如在一个区间行情中，现在价格已经接近上轨，也出现了乏力和顶背离之态，但还没到达上轨绝对损的做单位置，同时如果你还认为整个形态向下变盘的可能性大，那在这个位置就可以轻仓做一点点，如果再有高点到达绝对损的位置时，再轻仓加一些。为什么要先轻仓做一些呢？因为等到日线图或者60分钟图的大形态上轨位置做空，也不容易，机会也算难得，如果一点不做，行情接下来就转跌了，也许十天半个月就白等了。为什么轻仓呢？因为这毕竟不是最安全的绝对损的进单位置，一是要控制万一止损所产生的损失大小，二是为绝对损的出现预留仓位。

但是谨记，只有在区间上轨或下轨处，接近绝对损位置但还没到达绝对损的位置时才可以轻仓小做。但是，行情一旦真正突破上轨或下轨，也就是高空低多失效，不管先做的和后加的，都要执行全部止损。无论做周线图区间形态或是日线图区间形态或是60分钟图区间形态都是如此。就算现在行情所在的位置是周线图形态的大上轨，哪怕是历史高位，但一旦突破上轨也要止损，不要觉得价格很高了就怎么样。同理，不要认为现在的行情是周线图形态的大下轨，历史低位或者价格已经很低了就怎么样。谨记，价格没有很低或者很高这一说，除非跌到零。

还有，关于形态变盘释放后的单边行情，例如向下变盘了，你预期会沿趋势顺势向下运行，打算根据或大或小的形态在其上轨处进单，那么也可以运用以上所讲的进单方式。但一定要严格执行止损，否则万一反向就会非常被动。

接下来笔者将通过一篇文章，再配以适当的解析，来向大家说明做区间震荡形态的具体理念。

很久以前，在山的那一边有一个盆地，盆地里生长着茂密的森林，森林里生活着各种奇禽异兽。那些厌倦了日出而作、日落而息、单调而辛苦的农耕生活的人们发现了这里，于是纷纷放下锄头、拿起弓箭，跑到森林里打猎。是啊，打到一只小羊就可以抵得上一年的收成，而如果幸运，打到了一只犀牛，得到了珍贵的犀牛角，就可以终生过上锦衣玉食、名利双收的惬意生活。

可是，森林里不仅仅有可爱而温顺的小鸟、小羊、小鹿，还有凶猛而暴躁的豺狼、狮子、犀牛。

因此，那些怀揣着梦想来到盆地闯入森林的猎人，十之八九命运悲惨，有的伤痕累累，有的缺胳膊断腿，有的命丧黄泉。

山的外边有个村子，村子里住着个老汉，老汉有个残疾儿子，名字叫作区间。可就是这个残疾人，却成了所有猎人之中最优秀的猎人。他打来了好多的猎物。

其他的猎人当然想知道区间打猎的方法，于是纷纷前去讨教。张三、李四等村民分别找到了区间，但他还是不肯说。

是啊，换作任何人，也一样头可断、血可流，打死也不说！其他猎人都学会了，把猎物打没了怎么办？

众人没辙了，这个兄弟如革命志士一般守口如瓶。最后在大家的百般乞求下，区间低头沉思了一会儿，终于缓缓地开了口：

“其实大家是看着我长大的，知道我并不聪明，刚刚学习打猎的时候，也像别人一样跟着猎物来回跑，猎物没打到多少，肉倒是被割了不少。有一次，我误以为一只老虎是山猫，结果失去了一条腿，大家也是知道的……”（区间内盲目追涨杀跌）

“伤好以后，我以为我再也不能打猎了，可是我不甘心啊，于是整天坐在山上看。我什么农活也干不了，就这么痴痴呆呆坐山上看着野兽们跑来跑去，一看就是几年。”区间接着说。

“也许皇天不负有心人，看久了，居然让我看出了一些门道。”

区间的眼里露出兴奋的光芒，完全沉浸在往事里：

“我发现，野兽的平时跑动虽然是无序的，但是盆地和森林限制了它们，使它们只能在特定的这个区间内奔跑，而且每年总有几次会跑到边上来。”（到达形态的上轨处止涨或下轨处止跌）

“我就想，我虽然不能再去追逐野兽，可是，我可以守在两个边际等猎物来再射杀它们啊。”（以区间上下轨处做单）

“事实证明，这个方法使我打到了很多猎物，为了纪念这个发现，我把自己的名字由大柱改成了区间。”

这时张三发话了：“猎物跑出了区间你怎么办？”（高空低多失效怎么办）

“你肯定不知道猎物最后还能冲出多远，否则就是神仙不是人了。而且往往最后的冲劲最大，冲出我设定的区间很正常，而且会是致命的，所以我必须予以防范。”区间说。（形态震荡末期，总会高空低多失效，面临向上或者向下变盘。所以，务必要设止损。对于做单来说，这时对预期变盘方向的判断就显得很重要，因为它决定了你最后是尽量去高空还是尽量去低多，从而决定了是被扫的概率大，还是持有单子的方向与形态的变盘方向相同，从而赶上形态变盘大赚的概率大）

“我的防范措施有三点，第一是谨慎的判断与选择，”区间说，“第二是分批使用携带的箭，第三是特别关注气候的变化……”（图形是否规则、够大，到位置先轻仓潜伏一些，注意上升三角形、上升箱体、下降三角形、下降箱体）

区间低着头，并不看众人，仿佛自言自语：

“每年总会有猎物冲到区间附近，但这并不是我出手的充分理由，一般来说，需要满足三个条件我才出手……”

院子里一片寂静，大家一时听得入神，平时只看见区间呆若木鸡地坐在森林的边上，一副无所事事的样子，没想到其中有这么多的学问。

“让我出手的三个条件是：首先，猎物向一个方向运动的时间已经很长，位置上已经明显超过了正常的活动范围；其次，发生过明显而强烈的单向运动过程，可以推测出猎物的体力透支；最后，猎物开始出现减速、停留或徘徊……”（行情从下轨到上轨附近或者从上轨到达下轨附近时，行情运行乏力，高位或低位开始小休整，并出现顶底背离等）

“那这样的机会岂不是很少？”张三突然插话。

“对于你们来说是太少了，对于我，一个行动不便的人来说，一年三四

次的机会，也就知足了。重要的是我不会像你们那么辛苦。”（只做适合自己的，同时也是只做绝对损，最安全的行情）

“叔叔，动物们冲过来时，你不怕吗？”这时，一直乖乖地依偎在妈妈怀里的巧儿问。（你不怕这是逆向做单吗？例如到达上轨了你去做空，到达下轨了你去做多。所以这就是能否做到逆人性心理的差别。高空低多说起来谁都懂，可关键是要做到。笔者给出必须要做到的理由：因为只有那里，才是绝对损，只有那里，预期性才最强，一买即赚的可能性才最强；只有那个位置，当你上轨做空，行情却突破上轨，你下轨做多，行情却跌破下轨等行情出现万一反向时，才能大概率确定行情是真逆向行驶了，你的损失才能是最低。或者说，你的损单，才是值得的。再者，谁说一定是反向、逆向做单了，例如上轨做了空单，行情到达下轨，通过大小周期的相对分析后，预期形态的变盘方向向下，并且最后形态也的确是向下变盘的，那么这就是顺势而为）

“怕！”区间抬起头，望着星空，“所以我才会分批使用我的箭镞，一般来说，我把箭镞分成十份或八份，第一次只射出一份。”（快到达近损位但还不是绝对损最安全的做单位置时，先轻仓做一点）

“怎么会那么少？”张三疑惑地问。

“因为，我很少一次就中，一般后面都会有更好的机会，我必须为下次补射留出箭镞。”（也许行情还会再上涨一些到达上轨或者再下跌一些到达下轨，从而出现绝对损位置的机会）

“那你等以后更好的机会出现再射不行吗？”

“不行，因为区间的机会不是很多，我同样要防范错失的风险。”（防范：等了好久的行情，但最后还没到达绝对损的位置就转头了，没做上的风险）

“那一般你总共要射出多少箭镞呢？”不知谁插了一句。

“如果我携带了一百支的话，我会控制在三十支内。”

“为什么是三十支？”

“因为如果我错了的话，我很可能会损失二十支箭镞，这部分不能计算在内。我还要留下二十支保护自己，要留下三十支防备完全意料之外的事情发生时的回旋，所以不能超过三十支，这是我自己的经验。”（总仓位不能超过三分之一）

“那您刚才说的气候变化是什么意思？”张三原来请教区间未果，得到了机会，求知若渴，又忍不住问。

“喔，是这个。”区间从衣服里掏出一份地图，上面绘制着森林的大致形态。区间把地图铺在桌子上，众人围上来。

“由于气候不断变暖，所以动物的活动范围会不断向上方，也就是北方移动，有的时候还特别明显。”

“这一点必须特别关注，每年确定区间时参考气候的变化向上要放宽一些，向下要缩窄一些。”（上升三角形或上升箱体，低点和高点逐渐抬高）

“你携带了一百支箭镞，却基本用不到五十支，岂不是很浪费吗？”李四又问。

“不浪费。”区间微微一笑，“猎物是打不绝的，命只有一条，我必须防范再一次把老虎看成山猫的情况。”（控制仓位的目的在于：防止重仓被扫损，虽然为近损位绝对损位做单，但因有重仓二字，一旦被扫损，就是大损失。永远把保护本金放在第一位）

众人一时沉默，只有院墙外的秋虫在苦涩长鸣。

“好了，我的方法就是这些。”

区间说完，端起茶来，低了头慢慢饮着，不再言语。

区间的话一停下来，静悄悄的院子里，一直沉浸在区间讲话中的乡亲们才如梦方醒，开始窃窃私语，大部分人都表示了极大的赞赏与震撼。

是啊，大家都是有胳膊有腿的健康人，打起猎来，竟然比不过一个只有一条腿的残疾人！

本来，众人对区间的成绩是有些妒忌的，总以为是运气使然，现在才明白：成事之人必有过人之处，区间虽然出入不便，却善于扬长避短，区间这不是在用弓箭打猎，而是在用头脑、在用耐心、在用时间打猎啊。

本则故事希望大家多看几遍，仔细理解区间行情的具体含义。笔者觉得，以上内容解释区间内的进单位置、加仓位置、止损位置等交易理念，是最适合不过了。

Section 15

第十五节 贪是首要的大忌

为什么重仓？为什么没到位置就做，过了位置还想追？为什么频繁冲动交易？为什么到了位置该分批止盈却不平仓？全是因为贪，只想赚钱。要在生活和交易中戒贪，就要把金钱看得淡一些，要明白在交易中只有付出了、努力了、坚持了，财富才能自然而然来。不要太急于求成，上天自有安排。

人的性格弱点就是太急着发财，耐心点，人如果知福、惜福、没有非分之想，福气自然就会伴随你。一旦你对生活充满非分之想，你就开始预支未来的福分，等你发现福分已经用完的时候就后悔莫及。金钱能引出善良的一面，也能暴露人性的丑恶面。强烈的致富欲望会驱使你学习交易期货，以及可能在期市中赚钱，但请别忘了生命的意义不仅仅是赚钱，强烈的对金钱和名誉的追求往往也是缺乏自尊心的表现，因为缺乏自尊心，所以特别追求虚荣。对金钱和名誉过于强烈的追求，都将使你失去内心的平静与安宁，最终导致失败的人生。无论是交易还是做人，戒贪婪，多给自己一些时间，不要太急功近利，平衡自己的身心，慢慢来，别放纵自己，给自己定下规矩，一定要遵守规矩。我不仅希望你交易能够成功，还希望你有成功的人生。君子爱财，取之有道，不择手段地求财，必然破坏了你内心的安详与宁静，到头来什么都是竹篮打水一场空。金钱这东西生不带来、死不带去，人生匆匆几十年，何苦呢？少想这一点，你就会发现生活多了很多淡然与乐趣。人有很多缺点，其中最致命的就是贪。当贪念太强时，你的为人处世就全都走样了，交易上也必然受到牵连。我希望大家都能够反思一下金钱与生命的相互意义，这对在交易市场取得成功是有帮助的。

Section 16

第十六节 不要过分迷信各种理论

不要过于迷信所谓的大师理论，越复杂越摒弃，道氏、江恩、混沌、波浪……也许你买了无数书籍，从理念到实践、从国内到国外，《易经》、佛学、《道德经》……可能你的理论境界到达了一定水平，但你还没有挣到钱。

如果做交易不是为了赚钱，而是提高自身个人修养，那依靠学习了以上的种种理论，也许你做到了。但你离赚钱还会有一定距离。各种理论，可以认真研究，因为这可以加深你对市场的理解，但不要过于指望这些理论在实战中就一定能赚到钱。谨记，当我们确实能从这个市场赚到钱时，那么你的操作系统一定是非常简单明了的。

Section 17

第十七节 本金亏光的三种做单方式

在期货市场中，对于个人投机者而言，通常有三种“死法”：第一种是重仓赌博，结果爆仓而死，这种交易者往往是做日内短线的，所以敢于重仓去博，然而遇到市场异动，瞬间打爆是很正常的事情，这种人本质上死于无知者无畏的侥幸心理。第二种就是不知止损，扛单，加仓，不断被套，不断加仓，最后重仓、大亏损扛不住了。第三种是因不断止损而死。这里主要解释下第三种。

不断止损而死的原因主要有三点：

第一，操作的级别太小。形态越小，行情变化越快，越不容易把握，所以容易频繁操作，操作越频繁，止损次数越多，最后变为盲目止损。所以综合下来，你的账户本金会越来越少（之前章节中所讲至少做60分钟图级别形态理念）。

第二，进场时机不对。要么是做多买在了高点上，要么是做空卖在了低点上，结果一个行情的反向，导致你止损出局（与之前所讲的高空低多理念做法相反）。

第三，心理承受力小。心理承受能力太差，内心恐惧，导致设置的止损区间太小（恐惧止损）易被扫损。

也许，设置的止损空间是真的小，不给行情正常的波动空间，但我想说明，设损合理与否这并不是问题的关键所在。说设损空间小容易被扫损是吧，但如果设损空间大了，万一被扫损，损失不也是大的吗？其实说到底，还是在于进单位置的问题。

如果是在绝对损的位置做的单，预期强，容易一买即赚，就应该设小止损空间，因为必须先保证本金的安全性。就算亏损了，就算行情又按预期方向运行了，我也认，因为这是正常现象。总之我设的损也是合理的，没必要懊恼。

但如果进单位置不精准，不是绝对损位置，当然就容易被扫。那就是自找麻烦了。例如行情还没到达上轨，更没到绝对损的位置，那么这个位置进了空单，向下的预期不强，不是一买即赚的位置，甚至行情还可能继续上涨，继续去到达上轨乃至绝对损的位置，那如果这时设损空间还小，当然容易被扫损了。

如此，进单位置不是绝对损，不精准，你会陷入两难的境地。设损空间小，很容易就会被扫掉。如果设损空间大或者正常设损，例如设在绝对损位置之上，又不敢。因为那就面临着设损空间较大，而如果一旦被扫损，就又会是较大亏损。所以，只要进单位置不精准，一步错，就会导致步步错。只要进单位置不精准，就容易被扫损和大亏损找上门来。所以一定要提高进单的精准性，至于止损的合理性那都是其次。

解决以上问题的方法为：第一，适当放大你的操作级别，对于一般交易者，建议至少做60分钟图区间和单边释放。级别大的好处在于可以减少你的操作频率，让你慢慢看淡市场的随机波动，同时盈亏比更高。第二，除了遵循高空低多做单原则外，进场位置的精准性对于交易更重要，尤其是绝对损位置。之前的章节也详细讲解过，也说明了进单位置的决定性。第三，如果遵循了以上种种原则，接下来就要看淡账户的盈亏变动，可抱着要么就赚、要么就小损的心态，之前也说过了，我们已经把交易系统优化到相对最完善的程度了，剩下的就是要控制自己的心了。

Section 18

第十八节 一笔较大盈利后的处理方式

亏损往往都跟随在成功的交易之后。赚钱平仓后不应该急着寻找机会去开仓，继续参与末期交易。因为赚钱了，心态上觉得自己能够把握住方向，能够站在正确的一边，多少会有些浮躁心理，情绪会比较激动，对交易的主观认识就会多一些，而这些恰恰是正确交易的大敌。成功带来了志得意满，而志得意满却会带来得意忘形和粗心大意。所以，应该心平气和，让自己保持客观的心态和清醒的头脑，在保住胜利果实的同时养精蓄锐，蓄势待发，像鳄鱼一样等待并捕捉更大的猎物。

第一，利润按比例出金。这是保住胜利果实最有效的方式。赚钱了，就按一定的比例取出来一些，可以用来奖赏自己，愉悦自己的心情，好的心情有助于正确的交易。赚的钱若继续留在账户里，说不定哪天会一次性被市场要回去，增加利润损失的风险。切记，平仓后就把利润按比例取出来，一点时间都不要耽搁，用赚来的钱再去零风险做单。这要养成一种习惯，习惯的力量是无穷的。

第二，休息。无声胜有声，无为胜有为。曲线上蹿下跳，一会儿赚了，一会儿亏了，赚了的钱害怕吐回去，亏了的钱什么时候能够出来，到了关键点是调整还是反转，等待位置进单，是该减仓还是该加仓等，困惑和纠结犹如家常便饭，参与交易是最累的。舒缓劳累的最佳途径就是休息。大家要深刻认识到这一点——休息看似会错过机会，其实，休息更多时候错过的是风险。

第三，学习。活到老学到老，经常性的反复学习是能够存活在期货市场的重要法宝。技术分析手段需要学习，基本分析方法需要学习，资金管理技巧和策略需要学习，心理控制需要学习，开仓、加仓、平仓、止损的策略也需要学习，总归就是要想长期存活于期货市场，就要不断地学习。赚钱平仓后，复复盘，翻翻书，看看自己总结的方法、策略、理念是否已融会贯通运用到自己的交易中，看看这次交易后是否有遗漏的地方，是否有没有理解透彻的地方等。结合实际操作进行理论学习，使自己的操作系统不断完善，为下一次交易机会打好基础。

第四，等待。能够忍住诱惑和寂寞，什么都不干，这是交易的最高境界。等待不是放弃，等待是放弃了不是自己的机会，是为了把握更好的、更大的属于自己交易系统的机会。等待避免了高风险位置进单产生损失的可能，不亏钱就相当于赚钱。等待不是什么都不做，在等待的过程中可以好好放松，爬山，游水，体验惬意人生；在等待的过程中可以干自己平时没有时间而又喜欢干的事情，看电影，打游戏，经历自在生活；在等待的过程中可以陪陪家人，联络亲朋好友，享受浓厚感情。等待的过程是休息、学习、积累、悟道的过程，是充电的过程。等待不是被动的退步，等待是为了主动进步。

第五，研究分析，寻找机会。最厉害的拳法不是南拳，也不是北拳，而是没有招式的拳势。正所谓无招胜有招。分析技术形态，使品种的整体走势印于头脑中，对品种的相关信息了如指掌，胸有成竹。仔细依次分析该品种由大到小的周期图，再从这些分析中寻找符合自己交易系统的介入机会。机会总是眷顾有准备的人。做好交易计划，等待交易机会的眷顾。

Section 19

第十九节 在相对高位/低位平仓的意义

不管行情跌到了多低或者涨到了多高，如果不平仓，利润始终都不是我们的。所以，有大盈利时就要部分卖出，因为只有那样的低位置或高位置卖出才有钱赚，并且那种位置卖出才是赚得最多的。要敢于果断地在这样的位置卖出。不要等做多单回踩下来很多了，或者做空单反弹上来很多了才想着卖出，那样已经晚了，利润已经回吐了。这也是到位置了就果断分批止盈的意义。

Section 20

第二十节 专职交易员与分析师的区别

分析师追求精准的点位，

专职交易员追求获利的区间；

分析师不认错，

专职交易员会止损；

分析师关注赚了多少点，

专职交易员关注赚了多少钱；

分析师以点数止损，

专职交易员以位置止损；

分析师一天发几次预测，

专职交易员几天才操作一次；

分析师关注行情何时结束，

专职交易员关心行情何时开始。

大道相通，出发点却不同，着眼点更不同。

这里说的专职交易员和分析师的定义，并不是身份上的，而是思想理念上的。

一个投资者，不管他是何种身份，如果在投资的过程中，以分析为核心，把做单的准确率作为评价投资是否成功的最重要标志，就属于分析师了。这种投资者可能很用功、很有悟性，有人甚至一度很辉煌，但是最终依然摆脱不了失败的命运；反之，如果在投资的过程中，以交易为核心，把操作过程中资金管理、风险控制（仓位、盈亏比等）的优劣作为成功的重要标志，就属于专职交易员。

专职交易员就属于市场中的常青藤，是笑到最后的胜者。

达到这种境界的交易者，投资对他来说不再是一件让人倍感压力或者惊心动魄的事情，而是一种淡然的人生态度。虽然达到这种境界的人少之又少，却也符合“成功者总是少数”的现实。从另一个方面讲，正因为是少数，许多行为不被人理解，“寂寞高手”大概就是这个意思。

那些大谈“主力”，大谈“行情走向”，大谈“基本面”和“商品的前世今生”的道理有意义吗？所以，那些能够发表“精辟分析”的所谓分析师通常交易上是很糟糕的。放一张K线图给他们，就告诉我，在哪里买、在哪里卖，止损放哪、止盈设在哪，不就行了吗？哪有那么多乱七八糟的大道理？目前大多数证券、期货、股票、黄金、外汇等投资方面的书籍，都是由证券市场中所谓的分析人士撰写的，大多数投资书刊偏重于主观化的文字陈述，只会讲那些大道理，甚至夸大其所用的技术分析和技巧的功效，所以由分析师提出的分析方法或观察角度往往不能达成正确的投资策略，读者在交易的过程中亏钱是必然现象。这不是害人吗？而只有极少数书籍是由专职交易者所著，对于专职交易者而言，更重要的是对其所用技术的缺陷及制约条件有相当深刻的理解，才可能达成正确的投资决策和正确的风险控制。我们之所以有令人满意的业绩，并不是我们的交易方法比别人好多少，而是我们最能深刻了解这些方法的缺陷，从而有效地控制住风险。而那些离开长期投资操作实践的人，在市场中是不可能理解这一点的。

市场上的人们往往接触分析师较多，而交易员较少，尤其是具有大资金、丰富操作经验的交易员。在公众交易者的眼中，并没有对这两者进行严格区分，往往他们认为分析准确与否决定着投资成败。其实对我们这些职业交易者来说，市场分析只占其中的一部分，而且并不是比重最大的那一部分。

分析师可以说是预测派的代言人，他们认为价格未来走势是可以预测的。他们的着眼点是过去价格与未来价格的关系，其目的是对未来价格走势或未来价位进行预测。分析师奉行的哲学是每一次预测尽量正确，并喜欢夸大分析技巧，属于理论学派的人物，当分析师在面临着预测与实际不相符合的时候往往无能为力。

分析师不具备良好的承受市场压力的心理素质，就算是良好的分析师，在实际操作中也会被走势的波动惊吓得六神无主。而且分析师往往会选择性地遗忘那些预测失败的部分，夸大凑巧预测准确的部分，让公众对其产生一种崇拜的感觉。他们往往主观臆测多于客观分析，而且喜欢用各种各样貌似专业的、令人听不懂的术语来显示自己的专业和神秘。

交易员是交易派的代言人，交易员从不对未来走势做出过多预测，交易员的着眼点在于研究价格的分布特征，从无序的市场中建立有序的交易规则，只依靠自己的操作规则和交易系统进行下单和平仓。交易员奉行的投资哲学是：错误在所难免，加强风险防范和资金控制技术，减少交易的失误并将错误控制在小范围的亏损中。交易员是在风险最小的前提下追求利润的最大化。

同时，交易员在交易中能根据价格波动迅速实施对交易有利的应对措施。交易员具备良好的心理素质，在市场中处变不惊，对于人性弱点的把控能力比一般人要强太多。对于交易员来说，他们有自己的分析主见，而且还会有相应的应对策略，如果行情符合自己的分析会怎么做，如果不符合自己的分析又会怎么做。他们敬畏市场，认识到自己的渺小，主动地调整自己的分析和交易来尽可能地符合市场的走势，而不是和市场对着干。

成为一个预测市场方向准确率80%的分析师很容易，因为旁观者清；但成为真正的交易员，却需要付出更多努力，99%是心理上真实的自我认知、自我修正，以及自我肯定。和大众的观点不同，分析师其实靠的是IQ（智商）吃饭，交易员靠的却是EQ（情商）和AQ（逆商）。一般人有普通智商与逻辑分析能力，只要假以时日进行研究，都会成为一个分析能力良好的分析师。但是做交易员却很难，这点，可以从分析师与交易员的收入差距看出来。

对分析师和交易员而言，他们所追求的投资哲理也同样是截然不同的。分析师奉行的哲学是尽量“对”，而交易员奉行的哲学是尽量“少错”，尽量“小错”。表面上看，两者之间的差别是细微的，但两者之间的差异实质上是巨大的。一个投资人如果不能把自己的投资行为建立在尽量少错和小错的投资哲学上，则说明他还未能领悟到投资的真谛（之前下五子棋的举例）。所以同样，没有长期投资操作的实践，是不可能领悟到这一点的。

优秀交易员是在特殊环境下的特殊产物：悟性极高，性格突出，格局极大，无所畏惧，越挫越勇，有家庭支持，有着丰富的人生失败经验。

如果家庭不支持，但又想急于证明自己可以通过交易行业赚到钱，结果是事倍功半，回到只想赚钱的模式，结果可见一斑。丰富的人生失败经验，能使一个人变得包容，变得谦虚，面对再大的困难也能坚持下来。不断积累的失败经验，失败后不断站起来的无畏勇气，更是逐渐放大自身格局的必需条件。现在的很多年轻人，读了二十多年书，社会经验一点没有，更别说失败了。可笑的是，交易员恰恰是每天都可能要在金钱上和精神上面对失败的职业，是个需要长年累月坚持的职业。90%的投资者会在3年内消失不见，很大程度上是因为他们失去了对这个行业的信心。所以，一个人如果不能接受失败所带来的困苦，他同样也不会感受得到大成功后所带来的震撼。试想，如果人生3年连续面对亏损，不知道在第几年才能稳定盈利，你能坚持下来吗？所以坚韧不拔的精神，不断自我反省、自我总结的能力，是重中之重。所以，每个行业中能取得辉煌成就的人，所具备的优秀品质，基本上都是差不多的。

不幸的是，公众投资者宁可相信一名分析师的分析报告，也不愿意相信一名交易员的交易系统，主观地对赚钱充满了美好愿望，却忽略了市场风险的客观存在，而做错了以后像鸵鸟一样把头埋在沙子中又使他们错失了宝贵的纠错机会，进而在泥沼中越陷越深。所以在这个零和市场中，他们的结局只有两种，要么成为我们的猎物，要么永远退出这个市场。

如果非要以理论派和实战派有个比较：

——那些拥有着极高头衔的经济学教授们，按理说他们应该是最富有的人。但是他们的财富几乎无一例外，都没有超过李嘉诚。

Section 21

第二十一节

再次提及盈利的根源性问题

如果大家真想要在期货市场中长期生存下去，我想大家完全有必要好好看看并且认真思索一个实验——夏皮诺实验。夏皮诺是美国纽约的一位心理医生。夏皮诺实验指的是他曾主持的两个著名的实验。这两个实验的每一个都有两项选择，被实验者可从中选择一个答案。

第一个是“得到”实验。选项一，75%的机会得到1000美元，但有25%的机会什么都得不到；选项二，确定得到700美元。虽然实验者一再向被实验者解释，从概率上讲，选项一能够得到750美元。但有80%的人完全没有去理会实验者的解释，选择了后者。看来他们的选择是很坚决并且是果断的。从心理指向上看，这80%的人选择的是宁愿少些，也要确定的利润。看来他们有点讨厌不确定性，或者说厌恶风险。

反映在期市的操作上，那就是行情稍一上涨，我们便立即抛出。此时行情或许有75%继续上升的机会，但为了避免那25%的什么都得不到的可能性，交易者宁可少赚。我们还美其名曰“落袋为安”或“规避风险”。本来结果是可能大赚的，但我们小赚就卖了。比如，可赚10000元的机会，但我们只赚了1000元就跑了。然后当再想进单时，位置已经很高了，价格越高，越是追单，风险就越高。所以，恐惧的心理只能让自己当一个行情的旁观者。从深一点的层面上看，这是好贪小便宜的心理写照。承担了很大的风险，但是收益与付出根本不成正比。

第二个是“付出”实验。选项一，75%的机会付出1000美元，但有25%的机会什么都不付出。选项二，确定付出700美元。结果是75%的人选择了选项一，从概率上讲，第一选择会多失去50美元，但他们为了博那25%什么都不付的机会，宁可多失去50美元。从深一点的层面上看，这是吃不得任何小亏的心理写照。

这就是我们不愿止损的人性或心理方面的根源。当我们进单后，但行情走势相反时，我们总是想出各种各样的理由来说服自己，并总是做着幻想梦，幻想着它很快就能转头运行。当这种暂时的反方向的行情不断继续时，我们又想出些新的理由安慰自己继续持有单子。其真正的原因是只不过为了博取那25%可能全身而退的机会，结果，小亏慢慢地积累成了大亏，直到有一天我们心理上再也无法承受，终于被大亏的恐惧感压垮，我们才不得不选择放弃仓位，即割肉认赔、仓皇出逃。一个致命的大亏损，往往会彻底淘汰一位交易者，包括那种很聪明，甚至在其他行业多半是出类拔萃的精英。

夏皮诺实验表明这样一个事实：绝大多数交易者赢时赢小钱、亏时亏大钱。这就从人性或心理方面找到了这一事实的根源：交易市场有多数人赔钱，而且永远会有多数人赔钱。这似乎在从一个角度证明一个事实：期货市场确实是多数人赔、少数人赚，如九亏一赚。我们要在期市中生存下来，就得脱离那“九亏”之列，成为那少得可怜的“一赚”。如是，就得经常重温一下夏皮诺实验。因为我们是在期市中而不是在纸面上做这些选择题，我们经常要用真实的子弹（资金）做血淋淋的拼杀，而不是悠闲地用笔在纸上绘画。至少，经常重温一下夏皮诺实验可以减少一些损失。事实上，投机的赢利法则恰恰与大多数人对夏皮诺实验的选择相反。

经验表明：要想在市场中赢利，就得在赚时多赚或赚够，亏损时尽可能少亏。再重温一次华尔街名言："截短亏损，让利润奔跑。"其意思是，在重要的位置进单后，一见行情不对，即刻遵守止损；一旦有了利润，就大胆让利润奔跑，从小利润跑成大利润。尤其是接下来还可能引起较大级别的行情。这句话还被不少人称作"华尔街家训"。

轻松点说，交易是一种游戏，准确地说是一种概率游戏。当然它并不一定只是夏皮诺实验中所提到的概率，或者说它并不一定总是25%对75%的概率，也肯定存在其他概率。也就是说，在交易游戏中没有百分之百这回事。当我们学会用概率考虑一切交易问题，并学会只是在胜算率较高时才操作，而且在操作中进一步提高我们的胜算率时，我们才可以说我们刚刚入门，也就是说我们才开始提高在交易市场中生存的概率。大概这是夏皮诺实验想要告诉我们的一个重要之点。应当说明的是，这并不是一件容易的事，客观地说它是相当艰难的。因为夏皮诺实验的结果几乎是在揭示人性的弱点。也就是说，我们作为人，多半天生就有上述弱点或会做出上述多数人的那些选择。既然是人性的弱点，我们要克服它是多么的艰难，要付出多么大的代价。所以，我们既然选择了这个行业，心态就要放平和，就要做好打持久战的准备。

Section 22

第二十二节 全书技术要点综合性总结

大周期大形态行情运行过程中依次出现的大小形态的进单机会，注意事项，依次的止盈位置。

由大到小分析周期、分析形态。

日线图首次转头、二次转头（用60分钟图、5分钟图去清晰观察）；日线图上轨、下轨（二三次顶底）、变盘后的单边行情［三者处一买即赚概率大预期强（注意预期变盘方向）］；止盈目标位（日线图的上轨、下轨、日线图形态的变盘释放）。

日线图中轴［60分钟图首次转头、二次转头（5分钟图、1分钟图去清晰观察）；60分钟图上轨、下轨（二三次顶底）］、变盘后的小单边行情［三者处一买即赚概率大预期强（注意预期变盘方向）］；止盈目标位［60分钟图的上轨、下轨，日线图形态的上轨、下轨（以致最终参与到日线图形态的变盘）］。

60分钟图中轴［5分钟图的首次转头、二次转头（1分钟图去清晰观察）；5分钟图上轨、下轨（二三次顶底）］、变盘后的小单边行情［三者处一买即赚概率大预期强（注意预期变盘方向）］；止盈目标位［5分钟图的上轨、下轨，60分钟图形态的上轨、下轨（以致最终参与到60分钟图形态的变盘）］。

所有的形态——由大到小，依次遵守（形态够大，形态规则）；所有的形态——预期其变盘方向［所处上轨处，下轨处（做相对大形态），中轴处左右（做相对小形态）］。

所有的进单——绝对损位进单（小亏损）；所有的进单——正常设损、保本损、移动损、分批止盈（大收益持长）。

Section 23

第二十三节 杰西·利物莫经典语录

20世纪初最著名的炒家应该是杰西·利物莫，利物莫已去世半个多世纪，他生平所写的《股票作手回忆录》和《股票大作手操盘术》被奉为业内经典。他是一个曾经在股票、期货市场数次大起大落，赚得过几千万美元，也同样亏损过比这更多数量的财富，流芳百世的投机交易大师。接下来我们欣赏一些利物莫的交易智慧。

“我很早就发现华尔街没有什么新东西，也不可能有什么新东西，因为股票投机历史悠久，今天在股市发生的一切都在以前发生过，也将在未来不断地再发生。我进场之前就知道我判断正确的时候，我总是会赚到钱。使我犯错的原因是我没有足够的毅力按计划做，即只有在先满足我入场条件时才入场。对每天都要买卖的人来说，他不可能有足够的理由和知识使他每天的买卖都是理性的，不顾市场情况，每天以感情冲动进进出出，是华尔街很多炒手亏钱的主要原因。他们试图像做其他工作一样，每天都能拿一笔钱回家。世界上没有比亏钱更好的老师。当你学习怎么做才不会亏钱时，你开始学习怎么赚钱了。”

“大钱不存在于股票的日常小波动，大钱只存在大势之内。因此你需要判定大势的走向。”

“多年的华尔街经验和交了几百万美元的学费之后，我要告诉你的是：我赚到大钱的诀窍不在于我怎么思考，而在于我能安坐不动，坐着不动！明白吗？在股票这行，能够买对了且能安坐不动的人少之又少，我发现这是最难学的。忽略大势，执着于股票的小波动是致命的，没有人能够抓到所有的小波动。这行的秘密就在于牛市时，买进股票，安坐不动，直到你认为牛市接近结束时再脱手。”

“我在这行学得很慢，因为我只能从错误中学，需要时间去明白犯了错，需要更多的时间去明白为什么会犯这个错。”

“一个大走势的起点可能是大户操纵和金融家玩游戏，但大势的持续必有其内在的原因，这内在的力量是不可抗拒的，无论谁怎么反对它，反映这内在力量的大走势一定会从头走到尾。”

“从部分获利中，我学到的不亚于失败。学股初期，在牛市中，我总喜欢股票升到一定程度先获利，等待股票向下回踩时再入场。但真正的牛市，回踩总也等不到。应该赚两万的，我结果只赚到两千。华尔街有个说法，你只要获利就不会变穷。说法不错，但应该赚两万的牛市你只获利两千，你也不会变富。我现在明白，傻瓜也分层次。”

“对错误的分析应该较对胜利的分析更使人得益。但人们总是趋向忘记所犯的错误，陶醉于胜利的喜悦。犯错不要紧，要紧的是不要将同样的错误犯两次。”

“市场走向和你期待的相反的时候，你希望每天都是最后一天，你的小亏最终成为大亏。市场走向和你之期待的相同的时候，你恐惧市场明天会转向，你过早离场。希望使你多亏了钱，恐惧使你少赚了钱。然而这希望和恐惧都是人的正常天性。一位成功的炒手必须时时和人类这根深蒂固的天性搏斗。在希望的时候，他必须恐惧；在恐惧的时候，他必须希望。”

“消化一个人的错误需要很多时间。人们说任何东西都存在着两方面，但股市只有一面，就是正确的一面。所有的专业炒手都不在乎赚钱或亏钱，他们在乎在正确时间做正确的事。他们知道利润会随之而来。”

“我花了整整五年的时间才觉得自己能理智地玩炒股游戏。”

以上的种种总结，是笔者在实盘过程中曾遇到的一些实际问题和一些心得体会，包括有些引经据典之处，因本书篇幅有限，所以特选出以上具有代表性的几种，与大家进行分享，希望能给大家带来参考意义。

第九章
交易与人生

导读

本章以“交易与人生”为核心，秉承“财富与精神”双重进化的原则，从交易世界和人生格局本质出发，着重精神修炼，为读者解读人生迷惑，摆脱精神负累，为当下交易者重塑信念格局，在经历过碰撞、破碎之后，能够克服逃避生活，直面至暗时刻，并能从至暗时刻汲取人生最强劲的能量，继而将这些时刻转化为走向伟大的奠基石。这是一次对交易者内心的洗礼，诠释用人生智慧驾驭交易的智慧，同时让生命能量得以彻底唤醒与爆破，最终缔造一批拥有财富并超脱财富的未来顶级交易者。

Section 1

第一节 交易与心性

大部分投资者认为交易是一个技术性的问题，事实上并非如此。技术层面的因素仅占整个交易部分的三成，其余七成的决定因素来自我们的心灵。这里的三与七的区别，并不是说心灵要比技术更重要，而是说技术的正常发挥依赖于心灵层面。它们的关系有点像物质与灵魂。我们的身体是物质层面，而灵魂则赋予身体源源不断的创造力。同样，技术是种子，心灵则是那片沃土。

金融交易的成功和失败与做交易的人有着密不可分的直接关系，交易成功的高度就是做人成功的高度。一个品德高尚的人、淡泊名利的人、重修行的人从事金融交易要比一般的人更容易在这一行获得成功。很难想象一个利欲熏心、逞强斗狠的人在这一行会有多大的成就，恐怕市场一个浪头下来，这人就找不到东南西北了。品行不好的人一般都成不了优秀操盘手，或者反过来说，大多数优秀操盘手的人品都很好。为什么可以这样说呢？简单地说，市场的奖惩是被杠杆和日内即时交易放大了的，所以市场会用资金倍增的方式奖赏“好人品”，比如勇敢、刻苦、谦卑、自律、忍耐、冷静等，同时市场也会加倍惩罚“坏人品”，比如浮躁、自大、懒惰、贪婪、恐惧、冲动，等等，这些都能在交易中结出不同的善果与恶果。由于这种正负能量的轮回，久而久之，优秀操盘手的好习惯会被强化，坏习惯会被克服，然后好习惯也会被不知不觉地套用到日常生活中，他们的人品自然也就会越来越好了。研究歪门邪道的人，是没有时间去专注交易的。而不专注交易的人，很快就会被市场踢到大门外去。其实，操盘的真理往往很简单、很朴素，它在客观上要求人内心纯净，心无旁骛。它强化人性好的方面，削弱人性恶的方面，人品有问题的人最终会被淘汰，所以我们看到的成功者大多是品行端正的。一个人因为好品质得到直接的金钱奖赏后，会在无意间强化自己的好品质，由此它能使人品好者不断升华同时修正小毛病，从而变得越来越品行端正。一个人的人品和涵养，在现实生活中需要很长时间去验证，而在期货市场上，这个验证的时间要短许多。“性格决定命运”这句话，在期货交易中可以直接用成败验证出来，它是现时报，比佛家说的现世报要快得多。宗教说的天堂和地狱，期货交易者可以立即经历，随时验证。老子说“上善若水”，有德行的人就应该像水一样滋养万物而不争高下。

期货市场是人性的检验场，它随时奖励人性的优点、惩罚人性的弱点。期货市场比其他领域更难以取得成功，操盘手都是经过千磨万击、体验过无数次奖惩之后才完成蜕变的。所以，要想在期货市场取得成功，就要长期坚持正确的理念、做正确的事，长此以往，交易的境界才能达至一定的高度。所以人品是鉴别高手的一个重要指标，我们熟悉的期货高手大都认为做盘如做人，操盘手的人品不达标，他做盘的水平和境界就一定不会太高，只有德才兼备者才能在市场上长期成功，没有哪个行业对个人修养有这么高的要求。“情场得意，赌场失意”，这句话平时我们总是当笑料说说而已，但在期货市场还真的是这样，你天天过着声色犬马、灯红酒绿的生活，一定会影响交易心态，心态一乱，市场的耳光立刻就会抽到你的脸上。所以要在期货市场上生存和发展，在感情生活和社会活动中，就要时刻警惕被杂人乱事所影响。其次，精神境界的高度决定着人生的高度。一个境界低下、志趣卑微的人，不可能在金融投资上有所建树。现实社会中，谁会指望一个只知道吃喝欢娱、胸无大志的人，将来能做成一件大事呢？古人说见小知大，指的是一个人自小就有的精神境界，以及这种精神境界所决定着的价值标准方式和行为习惯。因此，什么样的精神境界，决定着什么样的人生走向；多么高的精神境界，决定着多么高的投资业绩。在期货投资上，格局就是一个人理解市场的广度和深度。有些人即使赚了些钱，表面上志得意满，但他们的内心是脆弱的，眼神是迷茫和不自信的；而高境界、大格局的人即使在失利的时间段里思路也是清晰的，眼神也是淡定的，动作也是从容的，这些差异决定着不一样的期货人生，所以操盘手需要有正确的人生观和财富观，只有这样才能走得更远。

目前市场上很多人往往理论知识讲起来一套又一套，但是却缺少用心经营的阅历。笔者一路走来，对这点颇有感触，很多投资人从眼神里就透露出缺乏这种坚韧阅历之后的淡定从容，自然也很难达到他想要的结果。所以，交易做到一定程度之后，已经不是完善交易方法本身的问题了，而是一个不断修心、修性的过程。投资交易最后能达到什么样的程度和境界，取决于你内心的格局和修养。

交易中很多看似简单的毛病，久治不愈，究其原因就是一个人的修行还不到家，等修行到家了，自会不治而愈。一个人的修养和境界会深深地支配着他的行动和思想，在无形中起到举足轻重的作用，交易者在这个市场中最终拼的就是综合素质。交易市场太幽默，越爱财你就越得不到财，越贪婪你就越失败，越急于成功你就越不能成功。它好像就是要和我们过不去，等你什么时候不爱财了、不贪婪了，也不急于成功了，钱也就不请自来了。

我们投身于交易事业并不是不能成功，一根简简单单的资金曲线，就能够彰显出交易者品性的优劣和技术的高低，好的人品、好的修为再加上好的技术，资金曲线就会稳健地攀升。市场就是最好的道场，好好地修炼，好好地做盘，最后它成就给你的不仅仅是财富，更是你圆满的人生。

高手的刀，其实就是杰出的心性。这需要长时间相当痛苦的积累过程才能达到，和一个人智商的高低、理论知识掌握的多寡无关。我相信，只有你到了拥有高手之心的那一天，你自然同时拥有了高手的眼界。

总之，要想在交易里获得大的成功，一定要“德艺双修”。金融交易能把人性表现得淋漓尽致，所以有人说期市的赢家必定是人生的赢家，成功的期货投资人，一定是个有故事的人，丰富的阅历必定是围绕其中，拥有厚重的沉淀。这个阅历必将充满大胜的喜悦和失败、挫折的洗礼。

Section 2

第二节 交易与生活

我们身边都会遇到很多人，有些埋怨没有机会、命不如人、怀才不遇的人，从来就没有理想，整天搬弄是非，怨天尤人，从未想过通过努力来改变自己，实现自己的理想。他们随着年龄的增长，对自己的不信任和缺乏安全感就会越来越重。

为什么别人的人生总是那么舒服、精彩？有一句话是这么说的，你以为别人过得很舒服的时候别人肯定过得不舒服，你现在过得很舒服以后一定过得不舒服。人得学会让自己过得不舒服，所谓自由，不是随心所欲，而是自我主宰。我相信，那些不放任、不沉沦、拥有强悍自我主宰能力的人，终有一天，会在自己所在的领域里做出非凡成就。

NBA球员史蒂夫·纳什是笔者高中时代的偶像。这是个身体瘦弱的加拿大人，背部神经有着严重伤病，被认为是“天赋最差的篮球巨星”。然而这样一个人，却得以连庄MVP，连续两个赛季被评为最有价值球员。历史上只有十个人做到这点，其余九人都是乔丹、张伯伦等旷世大神。纳什出了名的自律：不沾糖、油炸和深加工食品。训练日里，他一天吃六餐：麦片粥（不含谷蛋白）、杏仁切片、生坚果、水果、糙米饭、胡萝卜和芹菜等。他和队友格兰特·希尔彼此劝励，不吃巧克力、不吃高热量的食物。希尔还偶尔犯戒被抓住，但纳什真的从不破例。纳什把他的食谱推荐给队友。于是，太阳队的年轻人都成了纳什的“跟班”，然后表现脱胎换骨。整个球队都在尽量追随着纳什：吃喝、作息、训练，保持健康的氛围……纳什的成功给了平凡的普通人一点点念想：如果没有天赋，你永远成不了科比或者詹姆斯；但如果足够勤奋、自律，至少你还有机会成为纳什。

一个能管住嘴、迈开腿、每晚坚持跑步的人，工作上也不会差到哪里去。工作后，逐渐发现，自律是生活的基石，令行禁止，则容易走上轨道。发现错误，修复错误，表现越来越好，生活明亮，中气十足；令不行禁不止，则容易溃散、混乱，屡错屡战，屡战屡错，“明明知道但就不这么做”，沮丧内疚，乱成一团。哲学家康德曾经说过：所谓自由，不是随心所欲，而是自我主宰。

是的，所有那些让人变得更好的选择，执行起来都不会太容易。

很多人羡慕别人的精彩和成功，但了解到别人背后那种近乎残酷的自我管理时又会打退堂鼓。

这也就是这个世界上，为什么平凡、普通的人占了大多数。

如果你不能接受自己的平庸，那么请从自律开始，自我改变。

极致自律的体验一开始可能是痛苦，可是，再痛也痛不过辜负自己的心痛，再苦也苦不过失去希望的煎熬。

制订计划，然后坚定不移地执行起来。

欲望人人都有，只有自我约束，才能得到更好的释放。

自律是人生的基石，相信你的自律，相信你所做出的每一分努力，时光都会在未来的日子里以另一种美好的形式馈赠给你。

如此，你问自己，交易中的执行力还会是问题吗？

Section 3

第三节 交易的坚持——人生的坚持

虽然，距离成功越近的地方，越是人烟稀少。但是，只要你坚持不懈，终会开花结果。

其实，岁月是一棵纵横交错的巨树。而生命，是其中飞进飞出的小鸟。如果哪一天，你遭遇了人生的冷风冻雨，你的心已经不堪承受，那么，也请你等一等，要知道，这棵巨树正在生活的背风处为你营造出一种春天的气象，并一点一点靠近你，只要你努力了。

不必急着要生活给予你所有的答案，有时候，你要拿出耐心等待。即便你向空谷喊话，也要等一会儿，才会听见那绵长的回音。回报不一定在付出后立即出现。只要你肯等一等，生活的美好，总在你不经意的时候，盛装来临。

也就是说，生活总会给你答案，但不会马上把一切都告诉你。有这样一个故事：

有个国王喜欢打猎，一起与宰相微服私访。宰相最常挂在嘴边的一句话就是“一切都是最好的安排”。

一天，国王到森林打猎，一箭射倒一只花豹。国王下马检视花豹。谁想到，花豹使出最后的力气，扑向国王，将国王的小指咬掉一截。

国王叫宰相来饮酒解愁，谁知宰相却微笑着说：“大王啊，想开一点，一切都是最好的安排！”国王听了很愤怒：“如果寡人把你关进监狱，这也是最好的安排？”宰相微笑说：“如果是这样，我也深信这是最好的安排。”国王大怒，派人将宰相押入监狱。一个月后，国王养好伤，独自出游。他来到一处偏远的山林，忽然从山上冲下一队土著人，把他五花大绑，带回部落。山上的原始部落每逢月圆之日就会下山寻找祭祀满月女神的牺牲品，土著人准备将国王烧死。

正当国王绝望之时，祭司忽然大惊失色，他发现国王的小指头少了小半截，是个并不完美的祭品，收到这样的祭品满月女神会发怒，于是土著人将国王放了。

国王大喜若狂，回宫后叫人释放宰相，摆酒宴请，国王向宰相敬酒说："你说的真是一点也不错，果然，一切都是最好的安排！如果不是被花豹咬一口，今天连命都没了。"

国王忽然想到什么，问宰相："可是你无缘无故在监狱里蹲了一个多月，这又怎么说呢？"宰相慢条斯理喝下一口酒，才说："如果我不是在监狱里，那么陪伴您微服私巡的人一定是我，当土著人发现国王您不适合祭祀，那岂不是就轮到我了？"

国王忍不住哈哈大笑，说："果然没错，一切都是最好的安排！"

这个故事告诉我们一个道理：当我们遇到不如意的事时，这一切也许就是一种最好的安排！不要懊恼，不要沮丧，更不要只看一时。把眼光放远，把人生视野加大，不要自怨自艾，更不要怨天尤人，要永远乐观、奋斗，相信天无绝人之路。

当你身处逆境，感到诸事不顺，爱情、工作、事业、理想都成泡影，心生绝望之念，这时，不妨换个角度看这个问题，告诉自己，一切都是最好的安排，福祸相依，安知未来不会发生惊喜的改变呢？人生道路上，很多人求之不得的捷径，其实不过是投机取巧，在苦难和挑战面前绕道而行，以求得百分百的圆满。

但别忘了，挫折，往往是成长的加速器。

失败的人之所以倒地不起，就是因为他们一击即溃；而成功的人之所以无往不胜，恰恰是他们在每一次跌倒后都脱胎换骨，看似节节败退，实则以退为进，因此再度上阵后必将强者愈强。

同时要记住两个字——争气，一个underdog（失败者），要努力变成巨人，令曾经看不起你、不信任你的人感到内疚。笔者亲身经历，在人生最低谷之时，遇到交易行业，自己的人生终于有方向，并愿为之奋斗一生。所以，塞翁失马焉知非福，一切都是最好的安排。

所以，感恩一切都是最好的安排，感恩生命中所遭遇的一切。

后　记

POSTSCRIPT

回想当初，自开始踏上交易之路，学习第一根K线开始，那时的境况和心情，现在再重新回想一遍之前的种种努力与坚持，再看着现在对于整个行业的理解，心中感慨万千。在职业交易生涯的这些年中，我经历了太多的不眠之夜，直到现在还能感受到那时不执行自己既定原则后，大力拍键盘时的痛苦和麻木。还有一次印象深刻，就是一直在1分钟图小区间内不断搏杀，进进出出，亏损不断，陷入了疯狂。最后，当面前的电脑关机时，那一刻，我才恍然如梦，惊醒万分。一是痛苦于亏钱的数目，二是交易失败，对自己恨铁不成钢的自责。刚入行那时，我的想法很简单，我要翻身，我要赚钱，要赚大钱。但是市场是公平的，没有付出各种成本，怎么可能会有回报？所以，经历的一次次打击是注定的。但是越到后来，我越发现，享受交易所带来的乐趣和与市场进行博弈的过程，真的是其乐无穷。所以，兴趣渐渐地就成了我坚持下来的理由。就像在某个领域能取得辉煌成就的人一样，支撑他们孜孜不倦、舍生忘我去工作的动力源泉，绝对不完全是金钱，而是理想、是热情。并且在这个长期的过程中，一方面有幸于家庭的支持，另一方面好在我这个人心态极好，也许是经历了太多不管是人为的还是注定的或是自找的那些苦难吧。所以我觉得这些人生上或者交易上的不如意都是暂时的，也就一直没有停下继续坚持的步伐。我一直认为，人只有在绝路当中才会迫切地想取得成功，所以这些年，无论多苦、多难，我都从来没有后悔过从事交易这个行业。只有我自己最清楚，我这一路走得很艰辛。从开始到现在，可以说在任何时间、任何地方，只要当时头脑中有过一丝丝的交易技术灵感或者与技术相关的逻辑性、关联性等内容出现时，我都会立刻记笔记。纸巾、手机、酒店房间便条、餐厅结账单，都是我常用的“笔记本”。我想我那时真的是太专注了，到现在都还保留这几百万字的笔记。我觉得如果当时上高中时我能这样学习，也许至少能上个双一流院校吧。那时睡眠时间也很少，一般都是凌晨三点后睡到早晨八点前起，闭眼是技术，睁眼还是技术，真是痛并快乐着。本书中有些例子和话语，是我在读到一些文章时，觉得很有意义就记录下来的。我只希望能把所有最好的东西都有逻辑性地放到一起，最后呈现给大家。几年下来，交易修正了我犹豫不决的性格，带给了我果断的执行力，同时作用在了我的生活中，让我变得越来越自信。同时，基于交易中已经实现的自律性，在生活中，自律又让我戒掉了十几年的香烟，同时坚持去健身房，得到了一个好身体。所以，感谢我经历的所有人生挫折与困苦，没有它们，命运不会安排我遇到了这个市场。再者，感谢交易，它让我勇于面对人生的一切困苦，让我学会了责任与担当，并使我的内心越来越强大，它虽然会给人以暂时性的毁灭打击，但更多的是带给了我绝处逢生的希望。交易之路如此之难，自己都不相信当初能一步步走过来。现在回想坚持下来的原因，也许是人需要压力也需要动力，才能发掘出生存的本能。交易不仅仅是单纯的K线技术点、知识点，其不同于其他有固定知识和技术的工作种类，它是融合了人世间贪婪、恐惧各种人性的真实反应，汇集了人世间的每个投资者的各种心理状态，最终才反映到这一条条K线上。做交易，不仅仅是做技术，还是在做心理、做心态、做人生。在交易市场中，能学会做人、做事的道理，任何人性的缺点与不足都会在这个市场被修正。如果本身不去克服，最终只有被市场淘汰的结局。但是，同样也想把一句话送给大家——只要你有足够的胆量要成为一个伟大的人，这种念头最终会改变你的生活。交易员也是一样，你们要一往无前，要敢于追求心中的理想。

书写至此，还是不得不到达了尾声。说心里话，真心感谢大家购买了此书，并且观看到了这里，因为这同样是对笔者的一种认可。只是受制于书本讲解的局限性，所以书中内容会有解释不周之处，还请大家谅解。希望大家加快理解系统、熟悉系统、运用系统，以尽快达到大赚小亏的盈利目的。希望我们最终都能通过这个行业，实现自己的奋斗目标，使我们的家庭变得富足，使我们的生活品质越来越好。同时，也希望这本书大家多读几遍，古话说：书读百遍，其义自见。如果有不明之处或者意见及建议，也可以通过书上的联系方式与笔者联系，如果有需要，还是那句话："知无不言，言无不尽。"